瑞蘭國際

 瑞蘭國際

Jejak Kaki Perjalanan Rantaian Mutiara
Laut dan Kepulauan di Indonesia

海上的珍珠項鍊

——我的印尼島嶼旅行日誌

張惟捷（卡奇葡萄）　著

印尼地圖

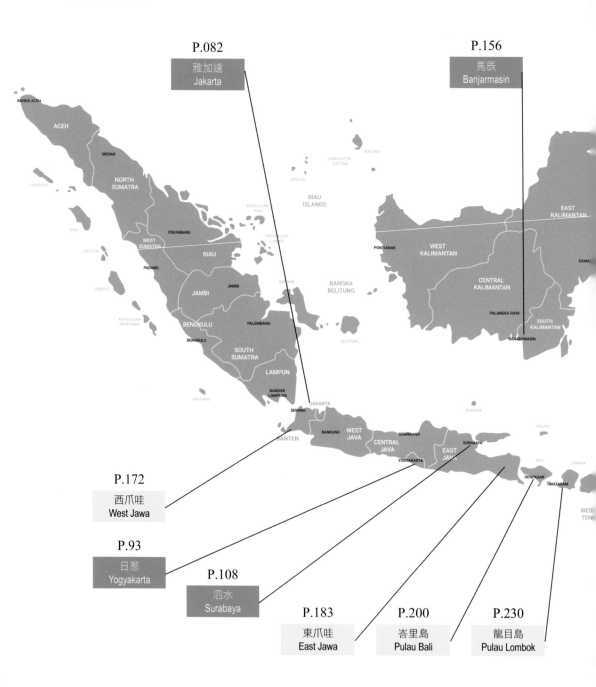

青年當自強

作家蔣勳說：「回看25歲的自己，感謝那時在巴黎。」年輕的他到了巴黎，從而影響一生。他認為青春一去不復返，去冒險吧！原先想好的恐懼危險、擔心害怕，一旦走出去就不怕了。有人說文明最大的問題，就是沒給青年機會去發揮自我，創造更美好的世界。「時代考驗青年，青年創造時代」如同作者序中說的，撒下改變與實踐的種子，期待創造更巨大的力量，所以說我們一定要相信青年，因為那就是未來。

感謝臺灣寶島福地，地靈人傑，讓我們成為世界防疫的典範，我們的同胞出入國際還算正常，作者有機會藉由去過印尼一年的浸淫體驗，周遊列島，利用工作與旅遊的結合，將印尼近距離的介紹給我們，讓我們更進一步瞭解這個如同50年前的臺灣，正旭日東升，新興勃發的國度。

壯遊（Grand tour）的核心概念就是要走出舒適圈，身心大考驗，克服重重困難，具有勇敢、理想、追求自我、接受挑戰等正面的意義，是實現自我的人生印記，轉換成人生所需更大的能量，也是促使身心靈成長的具體行動。趁年輕有能力，把握機會，世界之大，多元豐富，走出去充實知識、開闊視野、膽識和胸襟，滋養心靈，將會讓自我更謙卑，更博學，更廣大，更具同理心，千里之行始於足下，跨出勇敢正確的第一步。

知識份子最重要的兩項工具是筆和口，除了演講說服，對談教授等口語的言談之外，另外就是用筆用文字，將自己的知識、理念、體驗、感想等等記載下來，成書立論，影響別人，散播真善美，傳承美好的文化。很高興作者年紀輕輕就能體會世間的美好，並出書篤行，令人欽佩，真是英雄出少年！希望這本書以後，仍能秉持著這個理念和作為，在工作生活職場等

等各個領域裡，賡續勤作功課，把想法構思錄寫下來，每個珠璣片語集結之後，套串成精采奪目的珍珠，透過印刷和科技工具電子書，平台po文，甚或podcast，再加以渲染擴散，就能恢宏正面的影響力。

　　拿破崙說：「我們應當努力奮鬥有所作為，這樣我們就可以說我們沒有虛度年華。」作者盛年抱負，積極作為，本人樂為之序，更高度期待他能精進筆耕，留下人生的足跡。

考選部 參事　董鴻宗

110.1.12.

當你理解了文化背景，你就能更好地運用語言

　　還記得認識作者張惟捷老師，是在2017年中原大學的「教師在職進修專長增能學分班——印尼語課」，他是一位很優秀的學生。那年的學員們都表現得很傑出，部分學生在印尼甚至有至少一年的教書經驗。令我印象深刻的是，張惟捷老師利用過去在印尼一年教書的時間，把握了「遊山玩水」的機會，還將自己的旅遊足跡歸納，整理成一份非常優秀的報告跟大家分享。藉由那次的分享，班上的學員提議分享各自在印尼的生活經驗與文化體驗，因此之後所有學員都很認真準備自己的「印度尼西亞經驗」以及「旅遊足跡」報告，而且還很積極地參與討論，透過相互討論、解答的過程，彼此都學到不少印尼語和印尼文化。

　　後來又因中原大學應用外語學系開設了外語必修課程，讓我研發出一套自己的印尼語教學方式，並有機會再和張惟捷老師合作，在「磨課師」（Massive Open Online Courses, MOOCs）的線上教學「印是要尼說」課程中，發展了「印事要知道」單元，讓大家可以透過印尼的生活經驗和文化，來學習印尼語。

　　這次很高興能夠接獲張惟捷老師的邀請為此書寫推薦序。這本書是認識印尼的最佳選擇，張老師很用心、也很細心地把他在印尼的生活，以及目睹過的人、事、物，用非常優美的文筆以及高明的拍攝技巧，將這美麗的「萬島之國」紀錄下來。不但如此，本書與其他印尼旅遊書最大的不同，是內容最貼近印尼生活、選材最獨特的一本。如張老師挑選了科摩多島、布羅莫活火山等景點，真是有眼光，讓大家知道印尼不是只有峇里島，而是有更多地方值得大家探訪。

記得在一次的課程結束，看到學生的課程評鑑寫說：「謝謝老師！老師非常用心，讓我對印尼可以有更多的認識。在老師的課程中，我可以知道一般課本或者網路上找不到的知識內容。希望以後可以聽到、看到更多類似的課程。」而這樣的評價，絕對是因為我在課堂上，不只是教印尼語，而且還分享了印尼的種種文化！臺灣人對印尼並不陌生，如果您想要更認識「多元化」的印尼，《海上的珍珠項鍊——我的印尼島嶼旅行日誌》絕對是想要認識印尼的您、想要探訪印尼的您不可或缺的一本書，我也會推薦我的學生看這本書。知名外語學家曾說道：「我想學習和瞭解更多關於語言背後的文化知識，當你理解了文化背景，你就能更好地運用語言。」

中原大學應用外語文學系講師

Melissa Mustika 吳羽芊

讓你想多了解印尼的一本書

很開心可以在這許多機場關閉的期間跟大家分享印尼的故事，回到臺灣後重返工作崗位，生活中瑣事纏身之餘，總讓我想起在印尼時每個月利用空閒時間搭飛機四處闖蕩的流浪旅行。不禁問自己，人生能有多少個一年能在國外生活？人生又有多少個機會可以不顧一切讓工作與旅行結合？這樣的化學反應我嘗試了兩次，一次是以海外教育替代役的身分品味越南，而另一次則是以商借教師的身分欣賞印尼，這兩次經歷的每個畫面，都深刻烙印在我的靈魂裡。

我是一位中學老師。老師，一個臺灣社會沉重的職業，在現今環境下很難得到家長的尊重。很多家長都認為自己的想法最好，也有很多家長認為老師無敵，覺得只要把孩子送到學校給老師管教，讓孩子睡覺前再回家就好；與臺灣相反的是，印尼的家長們認為老師的作法很好，一定會體諒並配合老師，他們的教育環境彷彿是早年臺灣的翻版。2017年上映的電影《老師，你會不會回來？》，這句話我也聽了三年，因為每年都在不同地方教書，每年搬家，對我而言「流浪教師」這詞真是恰如其分。並不是不喜歡所任教學校的學生，而是覺得還有更值得我去的地方！畢竟世界這麼大，還有許多豐富的生態與文化值得讓我探索，應該趁年輕有能力時把握所有機會！

將工作和旅行結合成了我的理想，正因為如此，在2017年成為教務部商借教師前往印尼泗水任教，雖然身旁的夥伴們會擔心印尼的排華現象、認為穆斯林就是恐怖分子、那裡交通應該不方便吧？吃的東西乾淨嗎？等這些令人憂心的問題。確實，要在一個陌生國度生活充滿了許多挑戰，一個人的力量太小，要改變整個世界很困難，但一個人的想法總會逐漸地影響一個地

方的一點點或是小角落，只要撒下一個改變與實踐的種子，未來可能會創造出更巨大的力量；若心中有許多對生活的憧憬，試著往前踏出第一步，將會迎來未來的幾萬步。這一年我在海上珍珠項鍊「印尼」這個國家，從泗水出發，往東走到峇里島、龍目島、科摩多島以及最東邊的巴布亞；往北前往加里曼丹、蘇拉威西裡的蘭德包；往西涉足日惹、雅加達及烏龍庫隆國家公園，而本書，就是我真真切切的印尼島嶼旅行日記。

　　印尼是一個百分之八十以上都是穆斯林的國家，這個宗教在這一年帶給我很大的影響，不僅是豬肉吃得最少的一年，也是踏過最多島的一年。上從印尼教育、政策及制度，下至路邊攤、清真寺及Gojek，我肯定不是第一個在印尼旅遊的人，但我希望能成為讓你想多了解印尼的一個人。

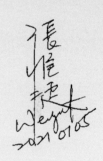

目次

PART 1

印尼基本生活

01

鈔票與數字篇

(Rupiah)

$$\bullet 1 \bullet$$

鈔票介紹

印尼幣值為「盧比」，也就是
「Rupiah」，簡稱「Rp」，國
際貨幣名稱為「IDR」（InDonesia
Rupiah），當地華人稱為「印尼盾」。
印尼盧比由印度尼西亞銀行（Bank
Indonesia）發行控管，而盧比一詞是來
自印度斯坦語的「rupiyaa」，最源頭

為梵文中的「鍛造白銀」（rupya）之
意。配合印尼政府政策，在 2016 年底
發行新版印尼鈔票（民族英雄系列），
目前新舊 2 種版本鈔票皆可在印尼使
用，在銀行換鈔時仍可換到舊版的鈔
票。不同面額的舊版印尼盾鈔票，正
面都印有不同的國家英雄，背面則為

印尼的風景名勝。而新版印尼盾鈔票，正面則印有不同的民族英雄，背面以各地民族舞蹈搭配特殊的地質景觀呈現。因此，透過本篇認識印尼盾上的人物生平，也能對印尼的近代歷史有多一分了解。

　　本篇依印尼盾面值由小而大一一介紹如下。

舊版印尼盧比1,000（Rp.1,000）

①印尼盧比 1,000（Rp.1,000）

　　青色的舊版Rp.1,000，以目前（2021年）匯率換算約臺幣2元，也是大家最不想拿到的紙鈔，因為幣額最小的Rp.1,000在市面上很難使用，通常會夾雜在小費中或是上廁所時付清潔費使用，有時甚至找Rp.1,000都懶得拿。

2016年開始流通的新版印尼盧比1,000（Rp.1,000）

　　Rp.1,000被印尼華人戲稱為「刀疤男」，因為鈔票正面的人物是帕提穆拉隊長（Kapitan Pattimura），背面為邁達臘（Maitara）及迪朵瑞（Tidore）兩座島嶼。帕提穆拉隊長是印尼安汶人（Ambon），是一名職業軍人，出生於1783年的他，在當時英國奪得荷蘭東印度公司對摩鹿加群島（Kepulauan Maluku）的控制權後，便加入了英國的軍隊。而該群島在1816年又被荷蘭掌控，帕提穆拉隊長因擔心荷蘭人會對該地實施限制或種族危害政策，率領了當地武裝反抗

軍於1817年5月16日攻打杜爾斯泰德堡（Fort Duurstede），殺害了堡壘中的居民並成功阻斷荷蘭軍隊的增援後，於5月29日被授命成為摩鹿加群島（Kepulauan Maluku）的領袖。遺憾的是，他被當時的波伊國王背叛，於同年11月11日遭荷蘭逮捕並處以絞刑。此事蹟在印尼獨立後被印尼首任總統蘇卡諾（Soekarno）表彰，並在第二任總統蘇哈托（Suharto）就任後被封為民族英雄，因此成為此鈔票上的英雄人物。

而新版Rp.1,000以黃綠色為主色，鈔票正面是朱・穆蒂亞（Cut Nyak Meutia），背面是蒂法舞（Tari Tifa）和班達內拉（Banda Neira）。

朱・穆蒂亞是來自亞齊省的印尼女性民族英雄，她與她的第二任丈夫齊克・圖農（Cik Tunong）因反對荷蘭對亞齊省的殖民政策，於是兩人於1899年率領當地民眾與荷蘭人抗爭，經過2年的努力，成功突破荷蘭的防線，也因為此次抗爭成功，便由齊克・圖農擔任當地的首長，並在1903年由於2名投降的間諜Mubin和Pang Gadeng所帶來的情報，成功繳獲荷蘭67支槍以及殺死10名荷蘭士兵。但在1905年齊克・圖農被荷蘭人逮捕並於隔年處死，在那之後穆蒂亞與新任的指揮官彭南格（Pang Nanggore）結婚，彭南格也成為穆蒂亞的第三任丈夫。彭南格於1910年死於與荷蘭人的戰鬥當中，穆蒂亞則成為新任指揮官，但在同年10月，荷蘭人發現穆蒂亞的隱居處，在她抗拒逮捕的過程中，荷蘭士兵朝其頭部與胸部各開一槍，享年40歲。後世將朱・穆蒂亞視為印尼女性代表，並於1964年表揚為印尼民族英雄。

②印尼盧比 2,000（Rp.2,000）

咖啡色的舊版Rp.2,000，約臺幣5元，被印尼人戲稱為「小便專屬」，因為在印尼部分廁所是需要收取清潔費，而這張是最普遍的公訂價！鈔票正面的主角是安塔薩利王子（Pangeran Antasari），背面則是南婆羅洲的傳統達雅舞者。

安塔薩利王子是班加爾的蘇丹[1]，也就是班加爾地區的統治者。1859年4月25日，當現今的加里曼丹島東南部爆發戰爭時，安塔薩利王子襲擊了由荷蘭人賈布（Gunung Jabuk）率領的部隊以及在北納榮地區（Pengaron）的荷蘭煤礦區，皆大獲全勝。而安塔薩利王子和當時的盟友西塔雅圖拉（Hidayatullah）也同時襲擊了其他荷蘭統治的地區，甚至擊沉了荷蘭船隻，大快人心。事後，當時的荷蘭提供財富和權力勸降安塔薩利王子，可是他拒絕了這項提議，並於隔年1860年8月率領部隊進駐林加（Ringkau Katan）。然而，8月9日荷蘭軍隊從阿慕泰地區（Amutai）反攻，並且擊敗了安塔薩利王子的軍隊，他的同盟西塔雅圖拉流放到爪哇島。儘管如此，安塔薩利王子和杜達剛堡壘領導人米拉蒂帕（Miradipa）仍捍衛杜達剛

1　蘇丹意指在當地擁有權力或力量的意思，即國王。

舊版印尼盧比2,000（Rp.2,000）

2016年開始流通的新版印尼盧比2,000（Rp.2,000）

（Tundakan）地區。可惜在1862年安塔薩利王子正計劃大舉進攻班加爾地區時，當地卻爆發天花，導致他在同年10月11日死於疾病，而他的兒子瑟曼（Seman）仍繼續領導群眾對抗荷蘭。因這樣的事蹟，印尼第二任總統蘇哈托於1968年封安塔薩利王子為國家英雄。

　　而新版Rp.2,000以灰色為主色，鈔票正面是穆罕默德·胡斯尼·譚林（Mohammad Hoesni Thamrin），背面是盤子舞（Tari Piring）和西亞諾峽谷（Ngarai Sianok）。

　　譚林出生於巴達維亞（現今雅加達中區），並在巴達維亞威廉三世國王學校（Koning Willem III School te Batavia）完成中學學業。因受過完整教育，因此先後在駐紮官府、荷蘭皇家郵船公司任職，在1919年被任命為巴達維亞市議員，1927年當選「荷屬東印度人民議會」（Volksraad for the Dutch East Indies）議員。他在擔任議員期間訪查菸草種植園工人的工作情況，認為工人的權益被嚴重剝削，因此回到市議會後公開發表演說譴責種植園主。在1935年與蘇托莫（Soetomo）等人共同創立「大印度尼西亞黨」（Partai Indonesia Raya, Parindra），並於1939年在議會當中，以「印尼」、「印尼的」、「印尼人」等具民族主義色彩的文字取代「荷屬東印度」、「荷屬東印度的」、「土著」等文字，且於當時聯合其他7個民族主義組織組成「印度尼西亞政治聯盟」（Gabungan Politik Indonesia，GAPI），提出了「爭取印尼人民族自決權」、「團結印尼民族」能「改善議會制度並按民主程序選出執政黨」及「印尼人與荷蘭人共同對抗法西斯主義」等4大訴求，但因譚林晚期和日裔團體關係過於親近，因此在1941年1月6日被荷蘭殖民

舊版印尼盧比5,000（Rp.5,000）

2016年開始流通的新版印尼盧比5,000（Rp.5,000）

政府軟禁，5天之後就去世。後人為了紀念他對印尼民族的貢獻，以他的名字命行街道——穆胡譚林路（Jalan M.H. Thamrin），並設立當地智商高於120才可就讀的譚林資優中學（SMA Negeri Unggulan Mohammad Husni Thamrin Jakarta），印尼政府則是在1960年追授民族英雄的稱號。

③印尼盧比 5,000（Rp.5,000）

黃橘色的舊版Rp.5,000，約臺幣12元，正面為伊曼‧彭佐爾（Imam Bonjol），背面為蘇門答臘的紡織工匠。彭佐爾是一名伊斯蘭教的抗荷蘭領袖，在19世紀領導蘇門答臘的伊斯蘭教巴德利教派（Paderi），除了利用傳教來改善當地一些不良風俗，並在1820年間荷蘭人入侵該地區時，領導教徒武裝反抗荷蘭殖民者。遺憾的是他於1837年戰敗，此戰役稱為「巴德里戰役」（Perang Padri）。隨後彭佐

爾被逮捕並流放，死於其被流放的地區蘇拉威西島。

而新版Rp.5,000以褐色為主色，鈔票正面是伊達姆‧哈立德（Idham Chalid），背面是中爪哇迎賓舞（Tari Gambyong）和布羅莫火山（Gunung Bromo）。

伊達姆畢業於伊斯蘭教學學院，在學期間沉迷於知識學習，精通阿拉伯語、英語、日語、德語及法語，於日本佔領期間擔任日本官方與當地宗教領袖翻譯，因此在正式會議當中認識了許多重要的政治人物。日本輸掉二次世界大戰後，伊達姆為了實現獨立的夢想，加入了印尼獨立委員會，印尼宣布獨立之後，更成為印度尼西亞人民聯盟一員，並在1950年成為人民代表委員會成員，於1960年擔任人民協商會議副主席，後又於1966年擔任福利國務部部長，1972年擔任人民

舊版印尼盧比10,000（Rp.10,000）

2016年開始流通的新版印尼盧比10,000（Rp.10,000）

協商會議主席。印尼為了表揚伊達姆對印尼獨立的貢獻，在2011年根據第113號總統令，伊達姆成為印尼民族英雄。

④印尼盧比 10,000（Rp.10,000）

紫色的舊版Rp.10,000，約臺幣25元，正面為蘇丹王穆罕默德・巴達魯丁二世（Mahmud Badaruddin II），背面為蘇門答臘的傳統建築——利瑪斯房子（Limas House）。蘇丹王穆罕默德・巴達魯丁二世生於1767年，他率領位在蘇門答臘島上的巨港蘇丹國（Sultanate of Palembang Darussalam）抵抗英國人以及荷蘭統治者，因此被追認為印尼國家英雄。

而新版Rp.10,000以紫色為主色，鈔票正面是弗蘭斯・凱西波（Frans Kaisepo），背面是帕卡雷納舞（Tari Pakarena）和瓦卡托比國家公園（Taman Nasional Wakatobi）。

凱西波出生於西巴布亞省的比亞克島（Biak），並在西巴布亞省中的新幾內亞公務員學院學習民政管理課程，並抗拒荷蘭殖民，支持印尼獨立。他於1946年代表西巴布亞地區參加馬里諾會議（Malino Conference），是全場唯一的巴布亞人。他在會議中建議將西巴布亞地區的土地改稱為「伊理安」（Irian），以比亞克語的意思是「熱氣騰騰」。凱西波在會議結束後回到比亞克島成立「印尼自由黨」（Indonesia Merdeka），但在1949年凱西波因拒絕荷蘭殖民政府任命他為新幾內亞的代表人，因此被監禁7年。直到1961年蘇卡諾總統提出「特里科拉行動」（Trikora），該行動3大內容分別為，一、終止荷蘭殖民勢力對巴布亞的影響，二、在西伊里安地區升起印尼國旗，三、動員百姓捍衛印尼的獨立統一，事情才產生變化。

當時因該行動使得荷蘭殖民政府被迫簽定紐約協定，將西伊里安地區轉移給印尼政府，但當地人民並非百分之百願意加入印尼。直到凱西波擔任伊里安第四任州長期間，致力於促進巴布亞成為印尼的一部分，於1969年伊里安以「伊里安爪耶」（Irian Jaya）的名稱加入印尼，才完成統一。

由於凱西波在伊里安地區的貢獻與努力，他獲得印尼政府授予的特里拉科自由選擇功績勳章，並在1993年追授為印尼民族英雄。

⑤印尼盧比 20,000（Rp.20,000）

綠色的舊版Rp.20,000，約臺幣50元，正面為歐提斯塔（Otista），背面則是西爪哇島上的茶園。歐提斯塔的原名是Raden Oto Iskandar di Nata（1893～1945），是印尼獨立前荷治時期的解放戰士，他曾短暫擔任國防部長，晚年在西爪哇萬丹省地區被印尼共產黨綁架及殺害。

而新版Rp.20,000則以紫色為主色，鈔票正面是薩姆・拉圖蘭吉（Sam Ratulangi），背面是鑼舞（Tari Kancet Ledo）和德拉旺群島（Kepulauan Derawan）。

拉圖蘭吉出生於蘇拉威西，是一位天才學生，先後在當地荷蘭語小學、巴達維亞（雅加達）的技術高中就讀，並在1913年到荷蘭阿姆斯特丹念大學，但因該大學要求他的普通高中畢業證書，而拉圖蘭吉並未完成普通高中學業，因此當時並未獲得大學畢業證書，直到1919年瑞士蘇黎世大學（University of Zurich）頒發數學和科學博士學位給他。

在海外求學的拉圖蘭吉積極撰寫文章，在《我們的殖民地》（Onze Kolonien）書中提到「歷史上沒有任何國家被永遠殖民的記錄。希望（印尼獨立與荷蘭統治之間）不可避免的分離能以和平的方式進行，這將有可

舊版印尼盧比20,000（Rp.20,000）　　　　2016年開始流通的新版印尼盧比20,000（Rp.20,000）

能使印尼獨立與荷蘭之間的文化元素在之後的許多世紀中交織在一起。歷史，可以繼續」。

1919獲得學位之後，拉圖蘭吉返回印尼，除了在日惹的技術高中教授數學和科學，並在1927年成立「統一黨」（Persatuan Minahasa）。該黨為蘇拉威西地區的代表，呼籲印度尼西亞所有人必須團結。同年拉圖蘭吉被任命為國會議員人民代表，代表蘇拉威西人民在國會發言。1937年拉圖蘭吉有遠見的在著作《太平洋中的印度尼西亞》（Indonesia in de Pacific）中，警告日本不要太過軍事化，並且預知日本會因自然資源缺乏入侵印尼的可能性。

印尼獨立後拉圖蘭吉被任命為蘇拉威西島印尼獨立籌備委員會成員之一，1945年8月17日蘇卡諾宣布印尼獨立，得到此身分的拉圖蘭吉返回位在蘇拉威西島南方的望加錫準備接收

日本（二戰戰敗國）的武器，但在荷蘭（二戰戰勝國）的影響下，拉圖蘭吉被拘留3個月，甚至被迫流亡新幾內亞，直到1948年因簽訂《雷維爾協定》（Renville Agreement），拉圖蘭吉才返回爪哇島。隔年荷蘭對印尼的第二次軍事侵略行動中，拉圖蘭吉、哈達和蘇卡諾等印尼領導人被抓獲並流放，過程當中，拉圖蘭吉因身體不適死於雅加達。蘇卡諾總統於1961年追授拉圖蘭吉爵印尼民族英雄。

⑥印尼盧比 50,000（Rp.50,000）

藍色的舊版Rp.50,000，合臺幣約120元，也是市面上最好用的鈔票。其正面是赫赫有名的伊‧古斯蒂‧伍拉‧賴（I Gusti Ngurah Rai），背面則是峇里島上的海神廟（Pura Luhur Tanah Lot）。伍拉‧賴出生於峇里島上，學生時期於在印尼的荷蘭國中上學，之後就讀東爪哇瑪琅地區的高中，然後在印尼的荷蘭軍事學校接受訓練，隨

舊版印尼盧比50,000（Rp.50,000）

2016年開始流通的新版印尼盧比50,000（Rp.50,000）

後加入峇里島上的荷資軍隊並擔任少尉。在印尼宣布獨立後，伍拉‧賴成立人民保衛隊，並奉命前往峇里島抵禦位在達巴南（Tabanan）的荷軍。當時他發現人民保衛隊的軍事力量過於分散，故致力於人民保衛隊的重組，並針對荷軍進攻擬定策略。此時荷軍尋求談判，但被伍拉‧賴拒絕，於是荷軍於1946年11月20日發動攻擊，且荷軍位在峇里島東邊的龍目島增援部隊，就連空中部隊也來支援，對峇里島達巴南地區進攻，結果伍拉‧賴和其部下全部戰死於此役。印尼政府於1975年將伍拉‧賴奉為民族英雄，而峇里島國際機場也是用伍拉‧賴來命名。

至於新版Rp.50,000則是以淺藍色為主色，鈔票正面是朱安達‧卡塔維查亞（Djuanda Kartawidjaja），背面是雷貢舞（Tari Legong）和帕達爾島（Pulau Padar）。

朱安達出生於西爪哇的書香世家，從小就在印尼小學求學，中學時期更進入荷蘭學校接受西方教育，對於工程科學領域頗有興趣，畢業於萬隆工程學院（Institut Teknologi Bandung），得到工學學士學位。畢業後在巴達維亞中學任教，並積極參與巴達維亞的市政工作，擔任水利局的

工程師。

二次大戰後日本投降，朱安達因具工程專業背景，代表印尼接管了日本的鐵路局、礦物局、市政管理局等，隨後又被政府任命為交通部副部長。這是他擔任印尼公職以來第一個內閣職務，在印尼前16屆內閣當中，朱安達12次入閣，主要擔任交通部長或經濟部長職位，又被稱為「馬拉松式部長」。

在二戰後的1947年，荷蘭發起第一次侵略行動，印尼不敵荷蘭，並在美軍的運輸艦上，荷蘭與印尼代表簽下《雷維爾協議》，朱安達為印尼代表之一；荷蘭對印尼第二次的侵略行動中，荷蘭逮捕了印尼主要政治人物，朱安達也是其中之一，終於1949年在國際壓力下，於海牙舉辦的圓桌會議，荷蘭承認印尼獨立。

獨立戰爭結束後，總統任命無黨派的朱安達擔任首相（同中華民國行政院長）兼任國防部長，任內主要負責收復西伊里安（巴布亞地區）、成立民族委員會、國家正常化、廢除圓桌會議協定及加速國家建設。印尼建國初期如中華民國軍閥時期一樣，各地政治領袖趁機發動政治鬥爭，朱安達採取果斷策略給予打擊，但叛亂造成大量人員傷亡。此時美國、馬來西

舊版印尼盧比100,000（Rp.100,000）

2016年開始流通的新版印尼盧比100,000（Rp.100,000）

亞、菲律賓、澳洲和中華民國對叛亂集團深表同情，也導致1958年朱安達政府取締中國國民黨在印尼組織，也為日後印尼排華運動埋下伏筆。

1959年蘇卡諾總統兼任首相收回行政權，命朱安達為內閣首席部長兼財政部長。擔任首席部長期間，朱安達實施反帝國、反殖民、親東方的對外政策，接連訪問以蘇聯、捷克、匈牙利、羅馬尼亞、保加利亞、南斯拉夫、波蘭等7個東歐社會主義國家。他雖然反西方政策，但對美國較為友善，在印尼國內經濟不景氣的情況下接受向美國貸款，也表示完成收復西伊里安後會全力解決經濟問題。但為國家日以繼夜工作的朱安達不敵心臟病，死於1963年。

朱安達在擔任國家公僕期間，積極推動獨立自主的對外政策，同時以無黨派的身分團結國內政治集團，並打擊分裂勢力，重視經濟發展。印尼

政府於1963年為表彰他對印尼的貢獻，追授朱安達為民族英雄，並將他任內所興建的東爪哇機場命名為朱安達國際機場。

⑦印尼盧比 100,000（Rp.100,000）

紅色的舊版Rp.100,000，約臺幣250元，也是印尼目前鈔票中最大的幣值。正面為印尼建國領袖及首任總統蘇卡諾及副手哈達（Hatta），背面則為印尼國會。

蘇卡諾生於東爪哇泗水（Surabaya），並且於1927年7月4日創立「印度尼西亞民族協會」（Indonesian National Association），號召印尼人民團結並脫離荷屬東印度公司統治，次年將民族協會改名為「印度尼西亞民族黨」（Partai Nasional Indonesia，PNI）。蘇卡諾曾遭荷蘭殖民政府在1932年及1934年逮捕入獄，在第二次世界大戰期間，當時日本暫時戰勝荷蘭，因此接管了印

尼，蘇卡諾也被釋放。他和日軍合作研議如何對抗荷蘭殖民軍，在1945年日本投降後，蘇卡諾提出了建國五原則，並在8月17日宣布印尼獨立，和哈達出任首任總統、副總統。隔年蘇卡諾率領印尼人民，抵抗當時想重返印尼的荷蘭軍隊，1949年於美國斡旋下，和荷蘭在海牙舉行會議並達成協議，因此被稱為印尼國父。

而新版Rp.100,000則是以淺紅色為主色，鈔票正面維持和舊版相同的蘇卡諾（H. Soekarno）與穆罕默德・哈達（Mohammad Hatta），背面是巴達維族面具舞（Tari Topeng）和拉賈安帕特群島（Raja Ampat）。

2

印尼文數字的說法

印尼文和中文不太一樣，他們的計算方式基本上是以千（3個0）為一個單位計算，也就是沒有萬、十萬、百萬的說法。中文是以萬為主，印尼文以千為主，我們使用的「萬」就是印尼的「十千」，我們的「十萬」就是印尼的「百千」。整理為「表1」及「表2」給大家參考。

舉例來說：

- 300：tiga ratus（3百）
- 4,000：empat ribu（4千）
- 50,000：lima puluh ribu（50千）
- 600,000：enam ratus ribu（600千）
- 92,000：sembilan puluh dua ribu（92千）

數字對照表（表1）

阿拉伯數字	Bahasa Indonesia（印尼文）	中文
0	Nol	零
1	Satu	壹／一
2	Dua	貳／二
3	Tiga	參／三
4	Empat	肆／四
5	Lima	伍／五
6	Enam	陸／六
7	Tujuh	柒／七
8	Delapan / lapan	捌／八
9	Sembilan	玖／九

- 831,000：delapan ratus tiga puluh satu ribu（831千）

29

· 654,321：enam ratus lima puluh empat ribu tiga ratus dua puluh satu（654千321）

不知道大家找到規則了沒？另外幾個要特別注意的，像是「十」習慣上不用Satu puluh（一＋十），而是會用Se-puluh（十）取代；而「百」不用Satu ratus（一＋百），而是用Se-ratus（百）；至於「千」不用Satu ribu（一＋千），而是用Se-ribu（千）。

最後要注意的是11～20這幾個數字，印尼文跟英文有個相似的額外規則。整理如「表3」。

進位數字對照表（表2）

阿拉伯數字	Bahasa Indonesia（印尼文）	中文	印尼華人用法
10	Se-puluh	十	
100	Se-ratus	百	
1000	Se-ribu	千	
10,000	Se-puluh ribu	萬	十千
100,000	Se-ratus ribu	十萬	百千
1,000,000	Satu Juta	百萬	一條
10,000,000	Se-puluh juta	千萬	十條
100,000,000	Se-ratus juta	億	百條
1,000,000,000	Satu miliar	十億	千條
10,000,000,000	Se-puluh miliar	百億	
100,000,000,000	Se-ratus miliar	千億	
1,000,000,000,000	Satu tiriliun	兆	

特殊數字對照表（表3）

阿拉伯數字	Bahasa Indonesia（印尼文）	English（英文）	中文
11	Satu belas	Eleven	十一
12	Dua belas	Twelve	十二
13	Tiga belas	Thirteen	十三
14	Empat belas	Fourteen	十四
15	Lima belas	Fifteen	十五

16	Enam belas	Sixteen	十六
17	Tujuh belas	Seventeen	十七
18	Delapan / lapan belas	Eighteen	十八
19	Sembilan belas	Nineteen	十九
20	Dua puluh	Twenty	二十
30	Tiga puluh	Thirty	三十
40	Empat puluh	Forty	四十
50	Lima puluh	Fifty	五十
60	Enam puluh	Sixty	六十
70	Tujuh puluh	Seventy	七十
80	Delapan puluh	Eighty	八十
90	Sembilan puluh	Ninety	九十

也就是說若遇到1011，用印尼語應該說se-ribu satu belas（千＋十一），而不是se-ribu se-puluh satu（千＋十＋一）唷。以上就是印尼文中數字的部分，希望對大家赴印尼旅遊有所幫助。

魚市採買。

02
—

用餐與點菜篇
(Makan)

印尼菜單。

---

①

用餐、點餐

印尼料理在臺灣少之又少，不像越南料理、泰式料理、馬來料理、星國料理在大街小巷上隨處可見，因此大家對印尼料理的名稱不太熟悉，到了印尼當地的餐廳也很難點餐，所以在這裡想介紹幾種點餐方式。

在介紹點餐方式前要先學會兩個關鍵字，「makan」（吃飯）、「minum」（喝）；在這兩個動詞後面加「an」，動詞就會變成名詞，也就是「makanan」（食物）、「minuman」（飲料）。所以在印尼如果想吃東西又不知道怎麼辦時，只要跟周圍的印尼人說「makan makan」，他們就知道你肚子餓了想要吃東西！但千萬別說成「makam」，因為這是「墳墓」的意思唷！

第一部分為主食：

主食對照表（表4）

Bahasa Indonesia（印尼文）	English（英文）	中文
Nasi（＋putih）	Rice	米飯（白飯）
Mie	Noodle	麵
Tamie	Noodle without soup	乾麵
Bakmi	Bakmi	麵條
Bihun / Mihun	Rice noodles	米粉
Kwetiauw	Flat noodles	河粉 / 粄條

而第二部分為主餐：

主餐對照表（表5）

Bahasa Indonesia（印尼文）	English（英文）	中文
Ayam	chicken	雞肉
Bebek	duck	鴨肉
Babi	pork	豬肉
Sapi	beef	牛肉
Kambing	mutton	羊肉
Cumi	squid	烏賊
Ikan	fish	魚
Udang	shrimp	蝦

第三部分則是烹調方式：

烹調方式對照表（表6）

Bahasa Indonesia（印尼文）	English（英文）	中文
Goreng	Deep-fry	炒 / 炸
Bakar	Grill	烤
Panggang	Roast	烤
Masak	Saute	煮
Tumis	Fry	炒
Guling	Roast	烤（旋轉式）

①入門款：按圖索驥法

一般餐廳都會有菜單（Menunya），最簡單的方式是看圖點菜，只要指著圖片，然後跟餐廳服務生說：「Ini satu.」（這個一份）就可以了。「Ini satu.」發音則是「Ini」（音：印尼），中文是「這個」，「satu」（音：撒度），中文是「一」。數字的部分在「鈔票與數字篇」有介紹過，可以回到上個單元複習。

全部點完之後，再補一個字「sudah」（音：蘇打），也就是「點餐完畢」、「完成」的意思。一般點完菜，服務員會再重複一次點過的餐點做確認。

②基本款：關鍵單字法

在這裡介紹幾個在印尼菜單上常見的單字，讓大家認識幾種常見的印尼料理名稱。

印尼主食主要受中國沿海移民影響，以米、麵為主，整理成「表4」到「表6」如左頁。

綜合3種表格中的單字，舉例來說，如果今天想吃炒飯，「炒飯」的單字就是「Nasi」（飯）+「Goreng」（炒）；「炒麵」則是「Mie」（麵）+「Goreng」（炒）。再進階一點想吃「雞肉炒飯」，說法為「Nasi Goreng Ayam」（雞）；「羊肉炒麵」則是「Mie Goreng Kambing」（羊）。這樣是不是很簡單！若不要主食，單點主餐如「烤魚」，則可說「Ikan bakar」。

Nasi Goreng（炒飯）＝Nasi（飯）+Goreng（炒）
Mie Goreng（炒麵）＝Mie（麵）+Goreng（炒）
Nasi Goreng Ayam（雞肉炒飯）＝Nasi（飯）+Goreng（炒）+Ayam（雞）
Mie Goreng Kambing（羊肉炒麵）＝Mie（麵）+Goreng（炒）+Kambing（羊）

2

印尼菜色介紹

接下來要介紹一些到印尼必吃的特色料理，菜單中最推薦的是薑黃雞湯（Soto Ayam）和沙嗲（Sate），這兩個是到印尼一定要嘗試的料理。首先是薑黃雞湯，是黃澄澄的清湯加上一點雞絲或雞肉，搭配著麵線真的很好吃，有時只需要煮一鍋薑黃雞湯，再搭配米飯，這樣可以吃好幾天呢！其次是沙嗲，印尼的沙嗲便宜又好吃，是由雞肉、牛肉及羊肉組成的烤肉串，淋上各家的獨門醬料，吃起來甜甜鹹鹹的，有些店家會灑上花生粉作為調

味，嚐起來口味更有層次。路邊攤一支只要 Rp2,000，一次來個 5 串才算開胃而已。但在臺灣，沙嗲的要價並不便宜，因此來到印尼千萬別錯過這道當地料理！

印尼特色菜單（表7）

Bahasa Indonesia（印尼文）	English（英文）	中文
Bakso	Beef ball	肉丸子
Soto Ayam	Yellow spicy chicken soup	薑黃雞湯
Sate	Satay	沙嗲
Rawon	Beef black soup	牛肉湯
Pisang Goreng	Fried banana	炸香蕉
Tempe	Tempeh	黃豆餅
Singkong	Fried cassava	炸樹薯
Keripik Singkong	Tapioca chip	炸樹薯片
Tape	Tapai	發酵樹薯

Soto Ayam 薑黃雞湯

雞肉飯 Nasi rames

Nasi Goreng 炒飯

薑黃飯（生日餐盒）

外送服務

接下來介紹一種和臺灣不太一樣的消費方式，在臺灣如果不想出門可以叫外送或外賣，但在印尼的餐廳一般沒有外送服務，而當下又不方便出門時該怎麼辦？這時候請拿出手機下載「GO-JEK」這個外送服務 App 準沒錯！

GO-JEK與臺灣現在流行的Uber Eats、Food Panda等外送相似，但在印尼早在2011年便開始有這種服務。其服務不只是食物外送而已，內容包羅萬象，如計程摩托車、計程車、找按摩、商品代買……等，但主力在計程摩托車與食物外送。

在印尼當地使用GO-JEK很方便，主要是用手機下單，然後App會搜尋附近的GO-JEK服務員，收到訂單後會到該餐廳幫你購買，然後送到你指定地點，還可以使用線上付款，但一般人會選擇付現。由於負責送餐的服務員只賺外送費，重點是印尼油價便宜，人力也便宜，外送一個車程20分鐘的餐點只要Rp.10,000左右，當然點越多越划算，因為同一趟車程分攤下來的費用更便宜。操作方式如下：

①先在Google Play或Apple Store下載GO-JEK。

②點開GO-JEK，裡面有許多服務，如：計程摩托車（GO-RIDE）、類似Uber的車（GO-CAR）、計程車（GO-BLUEBIRD），然後再點開GO-FOOD。

③選擇餐飲類型，如：24Hr或離我最近的餐廳。

④選好餐廳點進去，依照手機介面點菜、數量。

⑤確認地址及付款方式。

訂餐完成後，接到訂單的送餐員會打電話給下訂單的手機所有人再確認一次訂單，但通常說的是印尼語，若有一點印尼語基礎，溝通會比較方便。不過通話時其實也只需要用幾個單字，如OK、sudah……，若無法聽懂也可以請旁邊的印尼人協助，所以不用太擔心。這App真的很好用，大家到印尼時可以嘗試看看。

03
———

交通篇

印尼日惹車站。

　　印尼有1萬7千多個島嶼，被稱為「萬島之國」，因此在印尼當地移動，除了最常接觸的陸路交通工具，還會有空路、海路等移動方式。本篇會一一介紹我在印尼旅遊期間所使用過的交通工具，每一種都各有特色。

1

計程車

印尼雖然島嶼眾多，但陸上交通工具仍然很重要。在當地大部分的華人都是聘用司機，甚至有一台車配3位司機的狀況，主要原因是需要長途駕駛，而且從早到晚都有搭車的需求，因此一般司機會分早班、晚班，印尼在這方面的服務可說是相當周全。而我們在印尼旅行時，還有一種是打電話給司機包車一整天的旅行模式，費用方面，以到布羅莫火山（Bromo）為例，一天價格約 Rp.700,000，費用包含了車與司機。

藍島車隊於主要城市叫車專線（表8）

城市	叫車專線
雅加達	(021)794-1234
泗水	(031)372-1234
日惹	(0274)641-1234
峇里島	(0361)701-111
龍目島	(0370)627-000

藍鳥計程車。

　　目前在當地沒有外國人自駕旅行的狀況，主要是因為在印尼駕車有許多眉眉角角需要注意，如停車、轉彎和遇到盤查，還有若有人主動幫忙指揮交通，就必須給他幾個零錢當作小費，這點也是外國人不知道的。在高速公路上收取過路費是必須停車收現金並找錢，而每個收費站價格也不一樣，會依據車型大小有不同的收費標準，路上更有可能遇到警察，所以還是包車最安全和方便。

　　在市區移動大部分還是以藍鳥計程車（Blue Bird）或是優步（Uber）為主，藍鳥計程車是印尼最大的計程車公司，有規模也有制度，都是以跳表收費，在許多百貨公司或是重要的交通轉乘點都設有接駁站，但也因地制宜，有些地點是以勢力劃分。所謂的以「勢力劃分」，拿泗水朱安達機場為例，目前藍鳥計程車沒有在此

載客，而是由集團喊價的白牌計程車為主，所以若是要在機場等藍鳥計程車，可能會等到天荒地老。我也曾經走出機場在馬路上攔車，但就是等不到藍鳥計程車，最後又默默走回機場內叫白牌計程車。

　　若想比較計程車價格，以泗水朱安達機場到季德拉雅社區（Citraya）約30公里的距離，對白牌計程車行情有概念的乘客，可以喊價到Rp.150,000（含過路費），但是對行情沒有概念，喊價會從Rp.180,000～Rp.200,000（不含過路費），而搭乘藍鳥計程車則需花費Rp.2,200,000（不含過路費），但搭Uber卻只要Rp110,000（不含過路費）。

　　在遇到價格不滿意的狀況，可以直接找另一輛車喊價，不過通常會有九成的司機會自動降價。前提是必須先和司機確定價格是否含過路費，否

3
交通篇

藍鳥APP使用步驟：
〈Step 1〉選擇位置。
〈Step 2〉選擇上車地點。
〈Step 3〉選擇目的地。
〈Step 4〉規劃路線及預估金額。
〈Step 5〉預計乘車時間。
〈Step 6〉其他備註事項。
〈Step 7〉等待司機接單畫面。

則上高速公路後，卻卡在路上為了過路費而爭吵，非常尷尬。更令人擔心的是，還有被司機丟在高速公路上的風險呢！另外，在機場有許多計程車櫃台，如果覺得那些計程車很貴，不妨走出入境大廳，外面可是有一堆司機在等，還可以少被扒一層皮。若是時間太晚或真的懶得殺價，再去櫃台叫車吧！

①藍鳥（Blue Bird）

　　藍鳥計程車是印尼最大的連鎖計程車業者，宛如臺灣的55688車隊。

該車隊的車輛有統一的顏色，司機也有制服，以及公平的跳表機制，是印尼最受外國觀光客喜愛的交通工具之一。

　　藍鳥計程車由穆迪亞拉（Mutiara Fatimah Djokosoetono）創立於1965年，當時還是一台尚未裝上里程表的出租車，到了1972年再由穆迪亞拉的兒子和其他合夥人擴大運輸業務，達到25台計程車的規模，過程當中也不斷創新，不僅多了里程表計費，也擴增GPS設施，供乘客及公司掌握計程車

目前的位置。在2011年藍島計程車又成了印尼第一個利用App叫車模式的計程車業者，至今仍為印尼計程車業的霸主。

目前藍鳥計程車服務範圍包含雅加達、泗水、三寶瓏、龍目島、日惹、巨港、棉蘭、峇里島多達18個主要城市，在路上辨識度高，也因此許多個人計程車會將車殼漆成藍色，讓消費者誤以為搭上藍鳥計程車。若要清楚辨識，可從前擋風玻璃前有沒有「Blue Bird Group」的貼紙來辨別是不是藍鳥計程車，以免上錯車，招來不必要的麻煩。

接下來介紹「藍鳥計程車叫車系統」的操作方法，App隨時會更新，但使用上大同小異。首先在Google Play下載好「Blue Bird」後，先註冊好。註冊時需要一個可使用的手機號碼收確認簡訊，完成後即可操作。

Ⓐ點選目前所在地。利用橘色游標指定上車地點，可移動地圖，選擇你想要的上車地點。

Ⓑ點選目的地。利用綠色游標移動至下車目的地。完成動作後，系統會幫您自動規劃路線，並計算預估價格。

Ⓒ選擇乘車時間（可預約）。

Ⓓ預約Booking！

Ⓔ等候司機接案。（請參考P.034）

司機在接案後會打電話確認是否有叫車，所以接到電話後，應用下面

人稱單字（表9）

	正式用法	非正式用法	口語
我	saya	aku	gua / gue
你	anda	kamu	lu
他	dia	dia	dia
我們	kita / kami	kita / kami	kita / kami
你們	kalian	kalian	kalian
他們	mereka	mereka	mereka

介係詞（表10）

	介係詞	例子
去	ke	ke sekolah（去學校）
在	di	di supermal（在超級市場）
從	dari	dari Taiwan（從臺灣）

〈④如何用簡單的印尼文電話叫車〉的幾個重要單字，相信在印尼也可以暢行無阻！

若不想用App叫車服務，自己也會基礎印尼語，也可利用24小時電話叫車方式，可參「表8」的藍島叫車專線。

②優步（Uber）或Grab

而使用Uber搭車則是上車前要認清車牌，我也曾遇到原本欲使用的Uber車子有狀況，所以司機開了另一台私家車來。面對不同的車牌號碼，當下的我不確定是否該上車，這是使用Uber的風險。不過通常不會有私家車剛好停在指定接送地點、司機又主動招呼客人的情況，因此搭錯車的機會較低。另外，Uber的App可以設定上下車地點，價格也會由Uber系統自行計算在App裡面，不太需要用印尼語跟司機溝通，且Uber的司機通常都會講英文，所以不需要太擔心溝通的問題。

在2019年印尼優步已全面被Grab收購，使用Grab App叫車介面和優步相似，外語溝通也沒問題。和藍鳥計程車最大的不同，是Grab或優步皆沒有統一計程車車身外表顏色，而是由許多私家車組合而成，只是這些司機共用同一套App叫車系統而已。不過由於價格便宜、里程計價、App導航以及英語溝通無礙，Grab近年來已成為東南亞的新興計程車團體。

③白牌

白牌計程車是所謂的黑車，也就是一般的自小客車提供私自載客的服務，在外觀、車牌上都無法辨識。這種計程車無提供App叫車服務，一般在路上以隨招隨停的方式載客，路線、價格等載客細節只有司機自己知道，乘客上車多以喊價為主，若不熟當地行情不建議搭乘。

但在印尼部分機場內，僅提供白牌計程車叫車服務，如泗水機場、峇里島機場等，若不想付出較多的車資，建議上車前多做功課，並且在上車時和司機確認目的地及總金額。其中要特別注意除車資外是否還有額外費用，如：過路費、停車費等，總金額則是抵達目的地再以現金付款。對於初次到印尼旅行的讀者，較不建議利用白牌計程車接駁。

④如何用簡單的印尼文電話叫車

這裡可看「表9」、「表10」，教大家幾個簡單的印尼文單字，方便大家在印尼以電話叫車。

叫車的重點不外乎上車地點、時間，簡單模擬了對話如下：

〈上車前〉

司機：Kamu di mana？（你在哪裡？）

乘客：Saya di airport.（我在機場）

〈上車後〉

司機：Ke mana？（要去哪裡？）

乘客：（Pergi）Ke Bumi Hotel.（去 Bumi飯店。）

乘客：Berapa？（多少錢？）（可看跳表價格）

司機：Se ratus lima puluh ribu.

（Rp.150,000）

　　基本上只要使用幾個搭車的關鍵字，在印尼搭車並不難，若是去觀光遊客較多的地方，可以用英文溝通的機率較高。除了跟司機的對話溝通外，如果是在路上攔車，要特別注意這台車是不是你要的。過去常聽前輩說因為坐錯車而被獅子大開口，因此上車前務必和司機再三確認，不然很容易遇到麻煩。

2

火車（Kereta Api）

印尼是亞洲國家中僅次於印度、第二個擁有火車建設的國家。在荷蘭殖民時期，以中爪哇三寶瓏為中心，建立了第一條火車路線，是民營單位以運輸貨物為目的而建設。10年之後在蘇門答臘以軍事為目的，建設了印尼第二條鐵路。

　　印尼現有鐵路全長5,042公里，鐵道建設在人口和土地考量下，主要路線分布在爪哇島，少數路段分布在蘇門答臘巨港（Palembang）和楠榜（Lampung）之間。依據印尼2015年國土規劃，未來將完成蘇門答臘亞齊特區至楠榜路段，串聯蘇門達臘由東向西的橫貫鐵道。此外也計劃在加里曼丹和蘇拉威西兩地興建鐵路，目前正在進行土地收購，相信不久的將來，印尼鐵道也將遍布主要城市。

①購票管道

　　在印尼搭火車，買票的方式主要有4種：

Ⓐ直接到車站購票。

Ⓑ在網路上訂票。從網路上訂購車票時，可以選擇只收印尼金融卡的印尼火車官方網站：http://www.kereta-api.co.id/

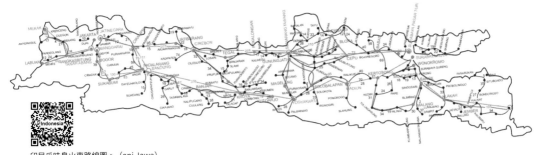

印尼爪哇島火車路線圖。（api Jawa）

或是可使用國外信用卡付款的英文網站：http://www.tiket.com/kereta-api

　　只要出發前，在車站透過電腦取票，就可以拿到車票。

Ⓒ在便利商店利用多媒體機台購票。

Ⓓ請旅行社協助購買。

　　一般到印尼旅遊的觀光客會選擇使用「tiket.com」購票（本篇最後有詳細步驟介紹），為什麼呢？因為「tiket.com」有英文介面，方便觀光客操作購票。其他購票方式多少都有讓人詬病之處，如現場排隊購票需要很久的時間，而請旅行社購買可能會被扒一層皮，還有在便利商店操作多媒體機台都是印尼文介面對觀光客不是很方便，基於上述種種理由，建議大家使用網路訂票、現場取票，會是最方便的選擇。

②票價與艙等

　　依據艙等的不同，印尼火車的票價也分很多種，如頭等艙等（Eksekutif）、商務艙等（Bisnis）、經濟艙等（Ekonomi）、混合艙等（頭等、商務、經濟）、當地區間艙等（Lokal）等。而每一種艙等又分不同車款，如類似臺灣復興號的經濟艙等有Logawa、Pasundan、Gaya Baru Malam Selatan、Sri Tanjung和Sancaka等5種不同車款；接近莒光號的商務艙等則有Ranggajati和Mutiara Selatan等車款；像是自強號的頭等艙等有Argo wili、Bima、Turangga等車款。

　　當然，由於價位不同，各艙等所提供的座位也不一樣。經濟艙等接近復興號，中間是走道，兩側有坐椅，一側是3人座、一側是2人座，跟臺灣高鐵一般車廂內座椅分配一樣，肩並肩；商務艙等接近莒光號，是2人一張大椅子。而頭等艙接近自強號，更貼近跑南迴線的舊型自強號「柴聯車」，特別的是Argo wili每個座位都有插座供旅客充電，這點讓我印象深刻。

45

③火車行駛路線

　　目前印尼的火車只有在爪哇島和部分蘇門達臘島行駛，火車路線如上圖。爪哇島上的火車路線，以雅加達和泗水兩大城為起點和終點，基本上可分北線和南線。北線會經過中爪哇北部大城三寶瓏（Semarang），南線則會經過中爪哇南部古城日惹（Yogyakarta）。而北線和南線所要搭乘的車站又有些不一樣，以泗水為例，若要去日惹，必須選擇南線，從泗水的固本車站（Gubeng）搭乘，而北線則須在泗水的巴薩督利車站（Pasarturi）搭乘。故在訂票、取票時，要特別注意車站的位置，避免搭計程車前往車站時，跟司機說錯車站而錯過班次。

④如何利用 tiket.com 網路訂票

　　以訂購Argo wili車款的車票為例。

Ⓐ首先到https://www.tiket.com/，進入英文網頁，點選「火車」（Train），並選擇欲購票的起點、終點、出發日期、人數，以找尋適合車班。

Ⓑ確認後按「搜尋」（Search），網頁會顯示該日所有車班。接著選擇所要搭乘的時間和車班（車班下方會標明艙等，建議選高級昂貴的，坐起來會比較舒服也比較安全），選好之後點「選取」（Select）。

Ⓒ之後會顯示車班及總金額等資訊。因為在印尼買車票是實名制，所以在此頁面往下拉，會看到需要輸入乘客資訊的欄位，請務必確實填寫。

Ⓓ資料填寫完後選「進入付款頁面」（Continue to Payment），等其跑完，會出現準備付款畫面。若需要指定座位，也可以點「選擇座位」（Select Seat），完成後再進行付款。

Ⓔ付款可依乘客所需，用信用卡、BCA現金卡（Bank Central Asia）或其他方式，接著完成付款。完成付款後，確認E-mail並收取資料。

Ⓕ到車站取票。須在規定時間內到車站取票，即大功告成。

　　不論是網路購票或是便利商店購票，拿到藍色紙本車票後，必須在乘車前到車站，讓電腦（Check-in Counter）掃QR Code換登車證（Boarding Pass）。而更換登車證也很簡單，先找尋服務櫃台，然後拿出紙本車票，讓機器掃一下QR Code，即可自動列印出橘底登車證，再持登車證通過驗票，即可進入月台。

〈Step 1〉印尼訂火車票網站。

〈Step 2〉選擇起點、終點與出發日期。

〈Step 3〉選擇班次與總金額並填寫乘客資訊。

〈Step 4〉確認資料畫面。

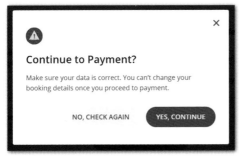

〈Step 5〉確認付款。

〈Step 6〉選擇付款方式。

〈Step 7〉輸入付款資料。

〈Step 8〉成功訂票畫面。

飛機（Pesawat）

印尼是萬島之國，由於國土破碎，空中交通更是重要，全國境內共有676座機場，機場數量是亞洲國家中的第一名，全球第十名。國內航空由十多家的航空公司共同經營。

①購票管道

在印尼，飛機的購票方式主要分為3種：

Ⓐ在航空公司官網訂購。

Ⓑ透過旅行社協助購買。

Ⓒ透過入口網站如Booking、Momondo、Skyscanner協助訂票。

在印尼訂飛機票，可利用入口網站先確認有哪些班次，相同的目的地有多家公司經營，每家公司票價不同，可依照自己的需求選擇航空公司。在印尼國內常見的航空公司有印尼鷹航（Garuda Indonesia，簡稱鷹航）、連城航空（Citilink）、獅子航空（Lion Air，簡稱獅航）、巴澤航空（Batik Air）、飛翼航空（Wings Air）、三佛齋航空（Sriwijaya Air）、南航（Nam Air）、亞洲航空（Air Asia，簡稱亞航）、卡爾星航空（Kalstar）等，確認班次完畢後，再從該航空公司官網訂購，往往會比透過旅行社或入口網站便宜。大城市之間的航線，若想選擇服務導向，建議搭乘印尼鷹航，若想搭乘便宜的廉價航班則可選獅子航空、連城航空，其餘飛翼航空、南航則以螺旋槳的ATR機隊為主，專飛二線城市。

②網路訂票

一般乘客在印尼城市間的飛行，多以獅子航空為主，主要是因為獅子航空在國內線的班次多且票價相對便宜，以下介紹如何在獅子航空官方網站訂購機票。

Ⓐ首先到http://lionair.co.id/，進入英文網頁，點選單程（One Way）或來回機票（Return），並選擇欲購票的起點、終點、出發（回程）日期、人數，最後點選搜尋班機（Search Flight）。

Ⓑ畫面將出現該日期的航班，接著選擇適合的時間與價格，點選後明細將顯示在畫面右方欄位，而頁面最

〈Step 1〉選擇起點、終點、出發日期與人數。

〈Step 3〉旅遊不便險與認證碼。

〈Step 5〉行李、餐點及座位加購畫面。

〈Step 7〉成功訂票畫面。

〈Step 2〉選擇班次。

〈Step 4〉乘客資料畫面。

〈Step 6〉選擇付款方式。

飛翼航空飛機。

下方則可選購旅遊不便險，以及輸入認證碼（CAPTCHA code），完成後點選「繼續」（Continue）。

Ⓒ緊接著輸入乘客資訊，最下方外國旅客則須輸入護照號碼。完成後點選「繼續」（Continue）。

Ⓓ資料填寫完後將出現加購托運行李公斤數、餐點及座位。由於是廉價航空，若選擇座位餐點等，是需額外付費，若無此需求可拉到畫面最下方點選「繼續」（Continue）。

Ⓔ付款可依乘客所需，用信用卡、BCA現金卡或其他方式，選擇付款方式後點選「繼續」（Continue）。

Ⓕ最後畫面會呈現訂位代碼及班次資訊，將此頁面印出攜至機場櫃台，即可換票登機。

烏戎庫隆交通船。

04
——
手機與儲值篇

SIM 卡購買與設定

手機 SIM 卡是下飛機後到了另一個國家的當務之急呀！在印尼，電信公司很多，方案更是琳瑯滿目，本篇就來介紹有印尼中華電信之稱的印尼電信業霸主——PT Telkom（Telkomsel）（印尼流動電信公司）。

PT Telkom公司於1993年時開始發展GSM技術，並在1995年推出了印尼第一系列的SIM卡——「Loop Telkomsel」（光環卡）。PT Telkom是目前印尼最大的民間電信商，同時也是印尼第一家提供4G服務的電信商，在全印尼訊號分布最廣，若在偏遠地區Telkomsel都沒訊號，其他公司更不可能有訊號了，宛如臺灣中華電信的地位。

除了光環卡外，Telkomsel依序推出SimPATI、Kartu As、Kartu Facebook等不同功能的SIM片，其中以1997年推出的SimPATI最為暢銷，卡片內容最完整，除了有一般打電話的功能，上網部分不受限任何網頁及通訊功能，僅以流量及有效天數作為繳費標準。Kartu As則是針對社群軟體如Facebook、Instagram、Twitter、Whatsapp、LINE，且搭配一般通話做使用。2011年發行的Kartu Facebook，因具有免費上網使用Facebook功能，也促使印尼成為Facebook在全球的第二大用戶國。

因為以上各種原因，所以我選擇了Telkomsel的SimPATI卡。要購買SIM卡很簡單，到各大百貨公司的通訊櫃

上圖：通訊櫃台。
下圖：各家電話SIM卡。

檯就可購買。每家店會展示所擁有的各家電信公司廠牌，卡片上都貼有號碼，但並非相同公司的同款SIM卡價格都相同，因為價格是由電話號碼來區分，例如，在臺灣「888」、「168」尾數等諧音號碼價格較高，而印尼也一樣，有他們當地的吉祥號碼。在印尼最便宜的是空卡（有訊號可連上基地台的卡，但尚未設定網路服務、通話費等其他服務內容），價格約Rp.100,000，貴一點有Rp.150,000，也有Rp.200,000，就挑一個順眼的號碼使用吧！手機號碼大多為12碼組成，如0813-XXXX-OOOO。

①如何儲值？

購買到SIM卡後，下一個步驟就是儲值印尼盾在SIM卡裡面，卡裡面有錢才可以打電話、傳簡訊、使用網路。因為印尼電話費還滿便宜，如果要從臺灣打國際電話到印尼，倒不如從印尼打國際電話回臺灣！而網路的部分，只要SIM卡裡面有錢，就可以打開行動網路使用，但強烈不建議這麼做！因為沒買方案的行動網路費用無敵貴！

②如何購買網路方案？

那該如何購買網路方案呢？只要一支手機就可以搞定了！下面彙整SimPATI儲值的操作密碼：

輸入手機快速鍵（USSD）代碼	功能
*363#	購買網路
*363*300#	購買便宜網路（限定光環卡）＊僅限定Telkomsel Loop SIM卡
*888#	查詢餘額
*889#	查詢網路餘額及日期

如果已經有儲值金額在手機SIM卡內，可用手機撥打「*363#」，即可用SIM卡內的儲值金購買網路，只不過操作介面都是印尼文，所以需要先認識幾個相關的印尼文單字。

第一個出現的頁面是「網路方案」（Paket Internet），指的是套餐選擇，通常選「2. FLASH Regular」（一般套餐）即可，當然也可以選「1. HOT Offer」（熱銷套餐）組合，因為裡面除了網路外，還有其他配餐，如簡訊、網路音樂等搭配。我個人都選一般套餐，因為套餐內容最單純且價格最便宜。此外，還有「4. FLASH 4G」（4G套餐）可以選擇，但價格會高一點，需要看個人網路需求，點進去後如果不喜歡也可以退出，不需要擔心沒有回頭路。

USSD購買方式（由左到右）：
〈Step 1〉選擇方案。
〈Step 2〉選擇有效期限。
〈Step3〉選擇使用流量。
〈Step 4〉結帳前追加。
〈Step 5〉繳款最後確認。
〈Step 6〉感謝購買簡訊。

　　第二步則是選擇「使用時間」，「Harian」是一天，「Mingguan」是一個星期，「Bulanan」是一個月。

　　第三步為選擇「網路使用量」，根據第二步的使用時間內，個人所需的使用量作為判斷依據。若以一週的旅行時間，網路使用單純查地圖及通訊軟體的文字對話，2G～3G的網路使用量足矣。

　　之後的選項，「1. YA」是確定的意思，「2. Tambah 1G（Rp10rb）」是指加值Rp.10,000多1G，「3. Tambah 5G（Rp45rb）」則是指加值Rp.45,000多5G，選擇好方案後送出。最後一步是再次確認，「1. Langganan」是續約，「2. Sekali Beli」是立即購買。

　　所有步驟完成後手機會收到簡訊，此時只要再用手機按「＊889#」查詢網路狀況，即可確認是否購買成功。

善用 My Telkomsel

如果想要查詢手機使用狀況等各種資訊，大家一般會怎麼做呢？若是跟我一樣選擇購買「SimPATI Telkomsel」的話，除了用手機輸入 USSD 碼這種方法外，也可以用手機下載 My Telkomsel App，登入後除了可查詢手機餘額、有效日期、網路餘額，甚至購買網路使用套餐，也都可以在上面線上處理，是一個很方便的印尼通訊 App，但缺點是必須有網路的情況下才可操作。

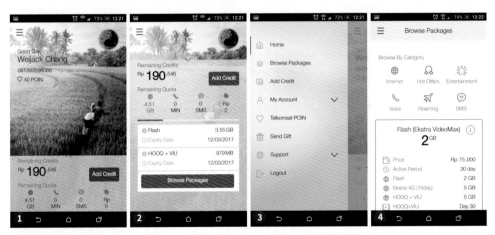

❶Telkomsel首頁。
❷Telkomsel個人使用頁面。
❸Telkomsel功能列表。
❹Telkomsel方案列表。

便利商店儲值

若您發現當初購買的網路流量太少,但目前 SIM 卡中的儲值金不足,無法加購網路流量該怎麼辦?目前還是得到實體店面將印尼盾儲值入 SIM 卡中。其實方法很簡單,可以在百貨公司或是路上的實體通訊行儲值,除此之外,也可以就近在「印多便利商店」(Indomaret)或「阿爾發便利商店」(Alfamart),利用多媒體機台進行儲值服務。在 SIM 卡儲值金充足的情況下,您就可利用手機進行其他服務或設定,如購買更多網路流量。

以下以「印多便利商店」為例,介紹儲值流程:

先找紅藍黃三色組成招牌的印多便利商店,在店內找到多媒體機台,通常會在櫃台周圍。第二步點選「i-pulsa」手機相關儲值服務。第三步輸入你的手機號碼,完成後按右下角「NEXT」,選擇儲值金額,若儲值Rp.100,000以上,是以1:1的方式儲值,但若少於Rp.100,000,

印多便利商店。

則會加收Rp.1,000的處理費用,如儲值Rp.50,000,就會顯示「IDR 51,000」。選好加值金額後按右下角「NEXT」,最後確認明細再按一次「NEXT」,下方會列印出感熱紙,取出感熱紙到櫃台繳費後,即完成話費儲值。此時可用USSD碼查詢「*888#」,看是否儲值成功,或者用My Telkomsel App也可查詢。

‧2018年3月起,在印尼當地購買SIM卡須綁定ID,外國人可攜帶護照或居留證(KITAS)在各大電信門市註冊即可。

‧2020年4月18日起,為了避免外國手機走私進入印尼,印尼政府宣布

未來在印尼使用的手機必須在印尼當地購買，在2020年4月18日之前已經在印尼使用的手機則給予2年寬限期，至於觀光客則要在印尼海關辦理入境時登記離境時間，如此一來，在離境之前信號不會被封鎖。非印尼門號在印尼境內漫遊則不受限制。

〈Step 4〉確認表單。

〈Step 1〉點選i-pulsa（儲值）。

〈Step 2〉輸入手機號碼。

〈Step 5〉列印收據。

〈Step 3〉選擇加值方案。

〈Step 6〉櫃檯繳費。

PART 2

印尼進階生活

01
——
簽證與其他證件
(KITAS)

印尼英文版入境卡。

臺人赴印尼的簽證種類

依據 2016 年 8 月印尼政府司法人權部公告內容，我國已經列入印尼免簽國家，免簽的意思是出發前可以不必先申請簽證，但須符合下面條件：

① 30 天內觀光免簽

A. 持6個月以上有效護照，並出示回程或轉機的機票，且未遭受印尼政府列管。

B. 須告知到印尼的目的，包含：旅遊、探親、社交、從事藝術及文化活動、政府公務、演講或參加研討會、參加國際會展、參加總公司或分公司會議或是轉機等目的，惟不可從事安裝機械設備、教學、工程建設等活動，否則被視為違反印尼移民法規。

C. 我國人持普通護照到印尼觀光，可獲得30天免簽待遇，但不可延長也不可轉換簽證種類。

D. 印尼受理免簽證待遇機場港口：雅加達、泗水、登帕薩（即峇里島）、棉蘭、巴淡島等29座主要國際機場（我國籍航空中華及長榮進出之國際機場均包含在內），還有88座海港與7座邊境檢查站。

② 落地簽證

另外可申請落地簽證，期限為30天，費用USD35。使用落地簽證入境印尼可延長簽證期限，而延期可於各地移民局辦理，以1次為限（延30天），延簽需付Rp.350,000，護照須無破損且預留1～2面空白頁面。

③ 商務簽證

商務簽證期限為60天，可拜訪公司開會、簽約、從事公益表演，若經證實有在辦公室辦公且被查到，則視為非法工作，輕者查扣證件並罰鍰最高USD50,000，重則驅逐出境並管制半

年至一年不等，其公司或工廠被列為重點稽查對象。

2016年12月才發生類似案例，大批印尼警察搭配相關行政部門無預警訪查各外國人在印尼的辦公室，國際學校當然也沒放過，20多名的警察魚貫進入學校，逢人便查護照，一個也不放過，若當場查獲非法居留，屬事情重大，不僅是該單位未來會被列為重點清查對象，個人也可能面臨相關罰責，重則還會被驅逐出境並列管半年以上。

印尼簽證。

④長期簽證

長期簽證則分為90天單次簽證（211）及效期1年的多次簽證（212）這2種，90天單次簽證入境後最長可停留60天，並可延期4次，每次30天，延長總停留天數不可超過180天；1年多簽則為入境後最長停留60天，但不可延期。

⑤工作簽證

若因工作關係需要長期居住印尼，則一定要申請工作簽證。由於印尼對外國人在印尼工作非常排斥，所以若因無工作簽證或簽證過期而被逮捕，輕則罰鍰、遣返，重則移送法院審理，甚至可能須入獄。而移民局會針對居住滿60天的外國人，或出入境頻繁的外籍人士列為積極清查對象。另外，在印尼工作的外國人需在入境一週內至各地移民局申辦居留證（KITAS），其配偶或未滿18歲子女可隨同申請（有關KITAS更詳細的介紹，請見下一小節），滿18歲子女須另以就學或工作事由，由學校申請或公司擔保來申請相關簽證。

⑥注意事項

無論持何種簽證，若非法滯留1日就會罰鍰Rp.1,000,000，需繳清罰鍰後才可離境。逾期滯留60天內，可在機場繳交罰鍰；若滯留超過60天或護照過期，則需到移民局繳交罰鍰。

總之，只是去單純旅遊可以免簽入境，但無論去印尼目的為何，在飛機抵達印尼的任何機場前，乘客皆須填寫海關申報單。2017年海關申報單改版成有英文版及印尼文版本，申報單有正反兩面，填法很簡單。在機上或機場填寫完申報單後，可依簽證、護照通過海關，領取行李後再繳交申報單出機場。

居留證、良民證與暫住證明

①居留證

居留證（KITAS）可說是居住在印尼的外國人在當地最重要的證件，等同外國人在印尼的身分證。若在印尼工作，居留證絕對不能遺失。印尼政府對申請在當地工作的外國人要求嚴格，規定 27～60 歲才可申請，並且要在原本國家有 5 年的工作經驗，其他細節請見相關辦法：臺北印尼經濟貿易代表處（INDONESIAN ECONOMIC AND TRADE OFFICE TO TAIPEI）， 網 址：www.kdei-taipei.org。

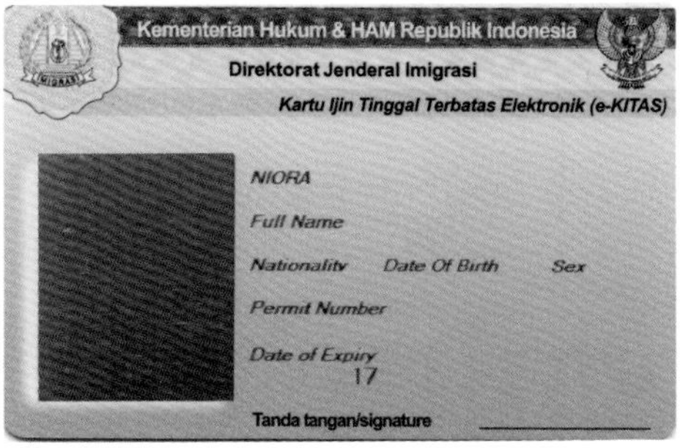

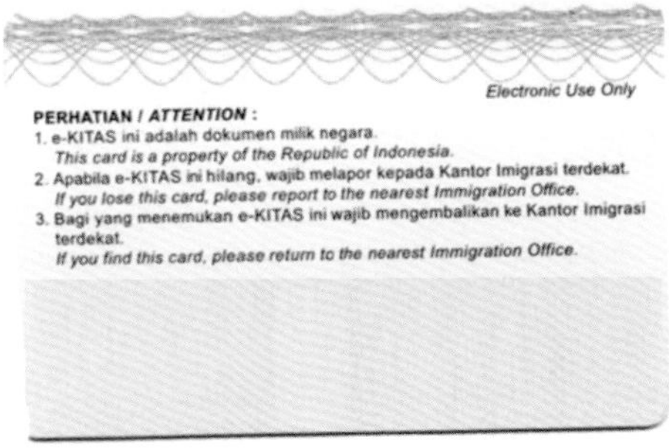

印尼政府對在該國工作的外國人會有這麼嚴格的規定，主要是不希望外國人到此剝奪當地年輕人的工作機會，所以只希望有技術或是資金，且能提升印尼當地經濟的人申請進入。另外，申請工作證還需要附上紅底的大頭照、彩色護照影本、英文版本的大學文憑影本，以及3個月內有效的3項毒品及愛滋病英文版檢查報告，而其他準備文件則需由印尼當地公司提供協助，如：核可信函、擔保書等。

②良民證

良民證則是由印尼警察單位發放，在印尼同樣視為合法的外國人證件，出入機場（國內線）、飯店入住亦可提出此張證件，效力等同於居留證，目前就算只出示良民證都有放行，並未遭到阻撓。

③暫住證明

暫住證明則由民政局發放，是讓

上圖：居留證KITAS正面。
下圖：居留證KITAS背面。

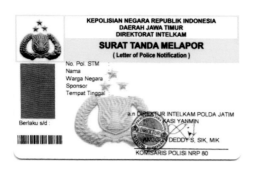

KEPOLISIAN NEGARA REPUBLIK INDONESIA
DAERAH JAWA TIMUR
DIREKTORAT INTELKAM

SURAT TANDA MELAPOR
(Letter of Police Notification)

No. Pol. STM
Nama
Warga Negara
Sponsor
Tempat Tinggal

Berlaku s/d :

a.n DIREKTUR INTELKAM POLDA JATIM
KASI YANMIN

DEDDY S, SIK, MIK

KOMISARIS POLISI NRP 80

PERHATIAN / ATTENTION

1. **KARTU INI HARUS SELALU DIBAWA OLEH PEMILIK**
   Card Holder have to bring this Police Report Cards

2. **SURAT TANDA MELAPOR INI TIDAK BERLAKU LAGI
   SETELAH HABIS MASA BERLAKUNYA**
   *This card has expired after the STM card issue
   expired*

上圖：良民證正面。
下圖：良民證背面。

外國人提供暫住證明及居住報告的證明書，此證明書為紙本，由於紙張容易損壞，所以儘量避免帶出門。

④注意事項與使用優惠

居留證、良民證及暫住證明等證件由個人保管，但當您工作結束不再回來印尼時，需將上述3樣證件之正本繳回移民局，此時移民局會在您的護照上蓋離境的戳章，這個戳章的用意是要讓機場海關知道您此次離開是因為工作已結束。若在印尼時不幸遺失上述的任一證件，都需補辦，補辦費用昂貴，如補辦居留證，含代辦費用需花Rp.8,000,000，所費不貲請妥善保管。

居留證、良民證及暫住證明對在印尼工作的外國人很重要，因為可以利用這些證件開戶，如BCA（Bank Central Asia，印尼最大的銀行），也可申辦金融卡。在當地任何地方消費，基本上都可刷卡過關，身上不需要帶大把鈔票，十分便利。此外，帶居留證（KITAS）去觀光景點，還能享有與本國人的相同待遇，例如到布羅莫火山（Gunung Bromo），外國人的入山門票價格是Rp.250,000，持居留證入山僅需Rp.30,000；而到松加（Songa）泛舟，外國人費用是Rp.550,000，持居留證費用僅需Rp.350,000。當然也不是所有地方持居留證都有優惠，像去四王群島（Raja Ampat），不論外國人是否持有居留證，一律Rp.1,000,000，但本國人只要Rp.500,000；婆羅浮屠則是均一價Rp.325,000。無論如何，帶著居留證去旅遊總是有備無患，只是要小心保管就是了。

02
———

醫療與保險

(Medis)

印尼醫療

在海外沒事就沒事，有事呢也要忍到沒事，但如果真的有事，那必定是大事。小病不治變大病，所以還是去看醫生比較沒病。

過去的海外經驗讓我體悟到，沒事別去看醫生，否則沒病變有病，因為東南亞許多醫生下藥很重，小病也很有可能開抗生素，抗生素吃久產生抗藥性對身體不好。來到印尼後，也聽這裡的前輩這麼說，建議生病時一則忍到回臺灣再看，二則自己帶藥，當江湖郎中。因此出國前也有先去醫院拿一些備用藥在身上，因為就連當地的華人或是有錢人也不願意到本地醫院看診。謠傳本地醫院部分醫生是有錢人家子弟，只要有錢就可進醫學系，卻對病情的掌握不是很準確，所以大多數有能力的病患，都會選擇到新加坡或者回臺灣就診。

印尼醫療和臺灣相同，主要分為中醫和西醫兩大部分，中醫師大多為在當地的老華僑醫師，因此在中文溝通上較不困難。而西醫在溝通上則以印尼語為主，英文為輔，若不熟悉印尼語的患者，建議找一位可以協助翻譯的夥伴一同前往為佳。

印尼X光片

掛號櫃台與繳費處。

KASIH KARUNIA醫院。

② 保險申請流程

在大城市的醫療診所相當多,路上招牌若寫的「RS」,就是醫院的意思,「R」是Rumah(房子),「S」是Sakit(生病),也就是病院或醫院之意,而診所則會以「Klinik」表示;藥局的部分則是「Apotek」,大間的連鎖藥局如「Apotek Roxy」,它的藥物品項最多,在印尼每個大城市都有,部分分店還有24小時營業,若在路上找不到藥局,也可以到百貨公司內尋找,一般百貨公司藥局都設置在地下室,像是「Guardian」或是「Century」,Century比較像是藥妝店,除了藥物也有販售美容保養品。

就醫費用的部分,因印尼並無臺灣的健保給付制度,就醫需自費,自費價格相對昂貴,因此當地一般公司會幫在印尼工作的外籍員工投保醫療保險,所以有病不要忍,還是要看醫生。

當時在印尼工作的學校,有幫我們投保當地醫療險,而要申請治療的醫療險,需要提供醫生所開立的診斷證明書、收據正本給保險公司。至於可以獲得多少保險理賠金額,則依據保險公司所提供的理賠金額對照表。在經過 1 個月的等待,拿回了保險理賠金,第一次的有 Rp.192,000(約臺幣 500),因為 X-ray 並未含在保險理賠範圍;而第二次則有 Rp.308,000(約臺幣 770),總計獲得的保險理賠金占總支出的 57.5%,還算可以接受。如果回臺灣後要申請健保,牙醫的部分真的很不划算,大約只能申請到支出的 25 ~ 30%,除了第一次的緊急治療可能會理賠,後續治療的理賠比例不高。

結論是,不管在國內還是海外,身體健康才是優先!

牙醫診間。

03

按摩放鬆
(Reflexology)

Polaris按摩店。

店名：**POLARIS**

Pakuwon Square AK2-25 Jl. Bukit Darmo Boulevard, Surabaya

+62-31-9900-0098或+62-823-3355-5589

http://polarisplatinumreflexology.com/

10:00-22:00

過去曾在其他國家體驗過按摩，當然在印尼也要體驗當地的按摩囉！在印尼也有許多按摩店，如「大腳丫」、「小趾」、「中村」、「爽」等，各有特色，但按摩水準及價格參差不齊。讓我印象最深刻的是在泗水 PTC（Pakuwon Trade Center）裡面的「大腳丫」，雖然 1 個小時不用 Rp100,000 非常平價，但環境非常昏暗，且按摩師手上還戴著戒指，在按的過程中一直被刮到，不但不衛生還讓我覺得不舒服。而在位在泗水鬧區 G-walk 的「中

村」則是以腳底按摩為主，價格每小時 Rp60,000 ～ Rp100,000。至於「爽」的最大特色是可接受女按摩師服務男性顧客。在印尼因宗教關係，大部分男性顧客由男按摩師服務，女性顧客由女按摩師服務，但在「爽」這間店，男性顧客是可以由女按摩師來服務的。

在此，想向大家推薦的是一間叫作「Polaris」的按摩店，在泗水新開的 Pakuwon Mall附近，主要為4層建築，進入大門後可在櫃檯購買需要的服務，個人偏好泰式按摩，所以選擇按摩1小時，費用是Rp.130,000，當然其他按摩項目也不錯，如Sport Massage（運動按摩），是在運動過後會針對肌肉線條做加強，每每按摩結束後都有通體舒暢的感覺。

確認好服務項目後，若沒指定按摩師則會隨機安排，因為曾在這接受過多位按摩師服務，當天有指定自己習慣的按摩師，如果擔心想指定的按摩師沒空，可以先打電話預約。

在指定按摩師後，先在店內稍坐，等待指示到後方，之後會有專人

Polaris洗腳區。

Polaris按摩間。

結束前，按摩師會詢問要喝茶或是薑茶，茶是無糖的，糖包會放在旁邊自行取用，而薑茶是有糖的，看個人喜好。在印尼工作時，通常每週會去按摩一次，因為在印尼下班後沒什麼休閒娛樂，特別在炎熱的午後，躺在冷氣房裡按摩，還真是一大享受。

為您洗腳，事先洗腳與否在按摩上會有差別，先用熱水洗腳會讓肌肉放鬆許多。

洗完腳後隨著按摩師指示搭電梯上樓，如果是VIP顧客（按摩床較大）會到4樓，一般顧客的則是在2樓（一般床）。不管是2樓或是4樓，都是一人一個空間，床跟床之間會拉起布簾隔開。開始按摩前會依所選擇的按摩項目更換衣服，就定位後依按摩師指示躺著或是趴著，接下來就享受這輕鬆的1小時吧！

04
一

印式婚禮

(Pernikahan)

來到印尼工作的第一個月，有幸參加印尼同事的婚禮，對印尼婚禮有滿腦的好奇與想像，終於有機會讓我一探究竟。

結婚是人生重要大事，在印尼婚禮的重要性與節慶相同，就先從收到婚宴請帖開始介紹吧！印尼的婚宴請帖，黃底金字呈現，正面寫著收件人，背面則用印尼文標示婚宴的相關地點、時間等資訊，其實跟中華習俗也有幾分相似，只是在印尼傳統喜事的代表顏色是黃色，而中華習俗則是紅色。

收到喜帖後，接下來要苦惱的就是禮金，印尼的婚宴不像臺灣，會依婚宴場合的等級，以及與新人的熟識度有「各種不同」的公定價格；在印尼參加婚宴的禮金普遍就3種公定價格：Rp.100,000、Rp.200,000、Rp.300,000。沒有出席婚宴的禮金Rp.100,000，出席婚宴但和新人只是點頭之交的禮金Rp.200,000，好友等級的新人禮金Rp.300,000，也是印尼婚宴禮金的最高行情，這樣金額的禮金對荷包的負擔不大。

參加印尼婚宴等正式場合需穿著正式服裝，也就是印尼的傳統服裝「Batik」，Batik是印尼蠟染衣服的統稱，也是印尼傳統服飾的代表，男女

印尼傳統婚紗。

皆可穿。印尼政府甚至規定每週五全印尼公務員須統一穿著Batik上班。

參加印尼同事婚禮的這天，我們早上10點到達會場，進了大門口後，先看到的是一座拱門，沿著拱門及紅地毯進入大廳，在進入大廳前會有招待，在印尼禮金可以用紅包或白包裝，都不會失禮。招待旁邊有一個箱子，就是專門投入禮金的禮金箱。投入禮金後，在禮金簿上簽個名，可以拿到一份小禮物，接著進入會場就可以見到新人了。

新人拜別雙親。

禮簿。

新人與家屬合照。

整場婚禮會由司儀按稿舉行既定儀式,首先新人先向坐在舞台左方的女方家長拜別,再向坐在舞台右方的男方家長拜別,然後站到舞台中央接受大家的祝福。

最後,新人會回到入口處,再走一次紅地毯,走進會場後,雙方親屬、雙方朋友依序上台給予新人祝福及合照,到這裡婚禮就告一個段落。之後就是婚宴時間,賓客可以在台下享用自助式餐點,印尼式的餐點薑黃雞、沙嗲及各種超甜飲料。餐點應有盡有,但最受歡迎的就是沙嗲了,一

次擺上來50支馬上被一掃而空,烤的速度還跟不上吃的速度呢。

印尼婚宴的另一個用餐特色,就是幾乎所有賓客都站著用餐,因為婚宴場地座位不多,所以印尼人在婚宴上習慣站著吃,只有華人的我們還是習慣坐著,幸好當天有女方親友幫我們帶位,不然我們也得入境隨俗、站著吃喜酒了。

用餐的同時,看著新人的朋友們也陸續進來跟新人合照。自助餐式的餐點是吃完一輪再一輪,不同於臺灣婚宴是統一開席、統一離開,而是各自用餐、各自離開,這樣才有足夠的空間讓後續來到的人用餐。賓客來來往往一桌換過一桌,真是名符其實的流水席。當天,我們約莫11點就準備離開,把空間讓給下一組賓客。整天下來,真感覺到婚宴中最辛苦的就是新人了,要像雕像一樣在舞台上與魚

左圖：取餐。
右上圖：點心塔。
右下圖：用餐。

貫而入的友人合影，雖然知道他們是
開心地接受著大家的祝福，但想想也
還真是不容易啊。

05

伊斯蘭教宰牲節

(Eid Al-Adha)

伊斯蘭教宰牲節。

印尼最多人信奉的宗教為伊斯蘭教，在國家行事曆上伊斯蘭教的重大節日，如穆罕默德生日、開齋節等，都是全國放假的節日。其中，落在伊斯蘭曆 12 月 10 日的這個節日，就是伊斯蘭兩大重要節日之一的「宰牲節」。

宰牲節的由來，可在可蘭經的記載中找到，真主阿拉為了考驗易卜拉欣（聖經載名「亞伯拉罕」）對信仰的虔敬，就在夢中命令他宰殺自己的兒子獻祭給真主。易卜拉欣醒來後，

決定順服真主的旨意，將兒子伊斯瑪儀（聖經載名「以實瑪利」）帶到位在現今耶路撒冷圓頂清真寺所在的一塊岩石上，準備宰殺自己的兒子獻祭，而伊斯瑪儀也勇敢而孝順地成全父親對真主的虔誠，準備接受獻祭的命運。真主看到易卜拉欣父子完全順服的誠心，馬上下令一位天使帶著一隻黑頭白羊給易卜拉欣，取代伊斯瑪儀作為獻祭的羔羊。

依《聖經》記載，伊斯瑪儀是易卜拉欣的庶子，易卜拉欣當初獻祭的

應該是他的嫡生子伊斯哈格（聖經載名「以撒」），顯然猶太教、基督教與伊斯蘭教對此段故事的流傳有不同的版本，但強調對唯一真神的絕對信仰則為相同的道理。總之，伊斯蘭教宰牲節就是為了紀念易卜拉欣對真主阿拉的虔敬，同時感念真主的至慈，願意接受一頭代罪羔羊作為獻祭。

由於宰牲節是伊斯蘭教的重大節日，每年的這個時候就會宰殺大量的牛羊，在穆斯林大國的印尼，有錢的伊斯蘭家庭會準備一筆錢向周遭的人家購買羊或者是牛，準備的羊越多代表這家庭越有錢，而準備牛的家庭更顯示這戶人家比準備羊的家庭來得更有錢。購買羊或牛後，一般會將羊和牛牽到「阿訇」（Akhund；長老之意）家的庭院做準備。這些虔誠的穆斯林一早起床後，會沐浴淨身，頭戴白帽身穿新衣，然後準備宰殺這些羊和牛。

宰殺完的羊和牛會分別由外而內處理毛皮、肌肉與內臟等，處理後的食物，除了自己享用外，一部分分給親朋好友，一部分施捨給窮人。有許多窮人一年當中吃不上幾次牛肉或羊肉，而宰牲節就是他們能享用肉類的絕佳機會。穆斯林料理牛、羊肉的技術堪稱一絕，特別是以烤肉串的方式

上圖：肢解牛隻。
中圖：牛皮。

料理最高招，這也是為何伊斯蘭教國家的烤肉串特別有名的原因。

這次有幸一睹伊斯蘭教慶祝宰牲節的活動過程，雖然有心理準備場面會特別血腥，但還是想試著去觀看、理解整個宰牲節的流程。因為擔心觀看過程後影響食慾，早上7點就先集合，好提前用早餐，再騎著腳踏車到附近的村莊尋覓宰牲節的重頭戲。好在其實在印尼舉辦這種慶典的小廣場並不難找，只要循著有大喇叭向里民廣播的地方，就一定可以看到宰牲的過程。

清真寺集合廣場大喇叭。

比畫，三兩下就把整頭牛肢解開了，待家家戶戶把整頭牛分得差不多後，我們才繼續前往下個村莊。

到了第二個村莊，現場已經宰殺了2頭牛，其中一頭已經被分得不見蹤影，只剩下牛皮還疊在地上，另外一頭牛則是已經嗚呼哀哉地倒在地上，牛的喉嚨鮮血直流，四肢一動也不動，地上也有個挖好的洞，好像就是要讓牛的血順勢流到洞裡，這場景現在回想起來還真的讓我難以釋懷。

來到第三個村莊，看到3頭羊吊掛在屋樑上，後腿被綁著，也已經一命嗚呼，每一隻羊大概有3個男人在旁伺候，拿起刀快速地在上面比畫，沒一會工夫整個羊皮就先被剝了下來。

這時，旁邊樹叢裡傳來牛的哞哞叫聲，原來這裡還有一頭牛還沒宰殺，我們很幸運地可以看到完整的過程，但這麼大隻的牛，要怎麼把牠放倒在地呢？難道牛不會反抗嗎？這些問題在我心中浮現。此時，眾人先用繩子把牛的四肢綁住，每一條麻繩大約都有5個男人控制，在牛頭的部分則用繩子固定於插在地上的鐵柱，大夥一同出力這隻牛就應聲倒下，再利用牛頭上的繩子將牛頭的部分移動至地洞上方，此時長老盛裝出席，嘴中開始念念有詞，現場喧鬧的氣氛馬上

第一個村莊的活動是在一戶人家前的廣場，當地的居民看我們手拿相機，熱心的指引我們進入廣場，並且歡迎我們拍攝整個過程，還會拿起刀在剛宰牲完的牛隻身上比畫。在廣場地上是一隻皮已經被剝掉的黃牛，地上的血還沒乾，看得出才剛結束儀式，幾位印尼男子熟練地在牛隻身上

三人合力放血。　　　　　　　　　　　　　　　村民分工合作處理牛肉。

變成莊嚴隆重，當長老念完之後，旁人遞上一片芭蕉葉擋住了要下刀的牛脖，然後長老拿起刀在上面摩擦了好幾下，牛的四肢掙扎一陣抽搐，一眨眼間，只聽到從氣管不斷放出氣的聲音，這頭牛也在眾目睽睽之下，成為宰牲節的祭品。

往下走到第四個村莊，這個活動現場是在一戶大戶人家的廣場，眼前牛一號已被宰殺完畢，另外牛二號、三號還被固定在旁邊，看著村中長老去牽了牛二號，牛三號便在現場哀嚎，說是哀嚎，這可能是身在臺灣農業社會對牛懷有感激之情而感受到的情緒吧，站在穆斯林的角度，說不定覺得牠是在為夥伴的獻祭而祝禱吧！

這戶人家人口眾多，有請一名專業的攝影師將整個過程用相機紀錄下來，這次放倒牛二號過程比上一個村莊又更簡潔俐落，固定牛隻時，刻意把牛的四肢完全撐開，所以在割喉放血的過程當中，也異常的平靜與迅速。這種宰牛的技巧也是一門技術，如果年輕人沒有學也沒傳承下去，以後可能改用麻醉等更人道的方式進行也說不定。過程中牛三號一直在低鳴，那聲音真的是讓人不捨，看完了這頭牛被宰殺後，原本在旁低鳴的牛三號，也該輪到牠了！但我再也看不下去這過程，便騎著腳踏車離開。

非信奉伊斯蘭教的人們應該很難接受親眼目睹這樣的過程，但在可蘭經中，認為這是富人照顧窮人的方式，而整個宰殺的過程就這樣赤裸裸地開放給周圍的人群觀看，當然也包括他們自己的小孩。這樣宰牲獻祭的儀式，是他們從小看到大習以為常的活動，反倒是我這個來自農村的外國人，還不能適應這樣直接的儀式。

PART 3

城市旅行

01
——

勝利之城
——
雅加達
(Jakarta)

Jakarta map

3 天 2 夜建議行程規劃

D1 ▶ 縮影公園 ▶ 國家紀念碑（夜間）

D2 ▶ 國家紀念碑（日間） ▶ 國家博物館 ▶ 國家清真寺

D3 ▶ 庫塔老城區戲偶博物館 ▶ 歷史博物館 ▶ 銀行博物館

雅加達國家清真寺。

1

歷史介紹

雅加達,印尼文或英文稱之「Jakarta」,是印尼最大的城市,也是印尼的首都,位在爪哇島西邊,目前人口已經超過1億。

雅加達的發展起源於15世紀吉利翁河口(Cliwung)的小漁村,在大航海時代由葡萄牙人發現,並在此建立蘇達各拉壩(Sunda Kelapa)要塞。

16世紀時被印度教萬丹王國征服,並將此改名為「Jayakarta」,意指「勝利之城」。17世紀時被荷蘭征服、19世紀則被英國占領,之後1942年日本在第二次世界大戰期間,趁荷蘭處於劣勢時藉機占領,但在第二次世界大戰後歸還給荷蘭,直到1949年才透過「荷蘭海牙國際私法會議」(Hague Conference on Private International Law)確認,將此地統治權交還給印度尼西亞共和國。

機場交通及 BRT

在印尼遊歷多時但一直沒有機會探訪首都雅加達，雖然泗水是印尼第二大城，畢竟不是首都，所以從未在泗水感受到印尼的交通便利性。終於找到一個週末探訪首都——雅加達！先在網路上訂好機票，趁星期五的晚上，搭藍鳥計程車前往泗水國際機場（朱安達國際機場；Banda Udara Internasional Juanda），飛機按時起飛，我也準時在晚上 9 點左右抵達雅加達國際機場（蘇加諾・哈達國際機場；Bandar Udara Internasional Soekarno-Hatta），一出機場，馬上體驗到首都交通的便利。

操作多媒體機台並使用計程車叫車服務。

過去在印尼所有經歷過的機場接駁都是喊價計程車，這次在雅加達機場，一出來就看到一台類似臺灣便利商店的多媒體機台，可以抽取搭乘計程車的號碼牌。上次使用相同的叫車方式是在蘇拉威西（Sulawesi）的望加錫（Makassar），但望加錫並沒有藍鳥計程車，這次有印尼最佳的計程車——藍鳥計程車可搭，真是太開心了！雖然前面有約20組客人在等待，但藍鳥計程車絡繹不絕地駛進航站，只等了差不多10分鐘就搭上車，可說是非常方便。

由於抵達雅加達已經接近半夜，因此行程從第二天早上開始。首先為解決交通上的問題，建議一定要購買雅加達交通卡，功能就像是臺灣

的悠遊卡一樣，但令人更驚喜的是，不論坐幾站公車（Transjakarta，簡稱「TJ」）都是Rp.3,500，真是超級便宜又划算！而且許多公車都有冷氣，讓我在這裡不用擔心炎熱的天氣。另外，公車站都設在大馬路的正中央，可以在站內雙向轉車，跟臺灣的捷運一樣方便。唯一讓我挑剔的大概是每輛車行駛的方向及號碼不是很明確，不像臺灣的公車正上方會用LED燈顯示是開往哪裡，所以搭乘時需要車掌先生在每一站開門時高舉告示牌，讓乘客清楚知道這台車是開往哪個方向。

在車上還有一點要注意的是，印尼是伊斯蘭教徒占80%以上的國家，因此男女座位分得很清楚，盡量不要坐錯，不然會招來異樣的眼光。此外還有專門給女性乘客搭乘的公車，也千萬別上錯車！有一次轉車時沒注意，上車後才發現怎麼全車都是女生，結果就被車掌小姐趕下車了！這也是一個難得的經驗呀。另外，若事先準備TJ的路線圖以及善用Google Maps做路線規劃，有助於更快熟悉公車移動方向及下車的位置。

雅加達公車站。

公車車廂內部。

縮影公園（Taman Mini）

縮影公園（**Taman Mini**）

🏠 Jl. Raya Tmii, RW.10, Ceger, Cipayung, Kota Jakarta Timur, Daerah Khusus Ibukota Jakarta 13810 Indonesia

📞 +62-21-87792078

🚌 搭乘公車至Garuda Taman Mini，轉乘計程車入園區

💲 3歲以上每人門票Rp.20,000；
汽車Rp.15,000、機車Rp.10,000、巴士Rp.35,000、
自行車Rp.1,000
園內部分設施Rp.2,000～180,000

🕐 公園08:00-17:00、遊樂設施09:00-16:00

🌐 http://www.tamanmini.com/pesona_indonesia/

📷 1日

縮影公園內印尼名人牆。

今日的最大重點是前往「縮影公園」（Taman Mini），地如其名，就是把整個印尼文化特色做成縮小版放置在一個園區。縮影公園的地理位置離市中心較遠，從市區轉了3次車才到附近，其中TJ最靠近的站是Garuda Taman Mini，但在Garuda Taman Mini下車後發現其實離公園還是有點距離，加上附近是郊區，也不太敢拿著手機在路上移動，因此在路邊隨意攔了一台白色計程車，告知要去縮影公園，司機就很客氣地照跳表價前往！

進入園區前會先收取入園費用，但園區內仍有部分設施需要另外付費。此行為了把握時間細看園區內所有印尼建築特色，沒打算搭乘移動時會發出聲音的纜車，也沒計劃看show。參觀路線從爪哇島、蘇門答臘、加里曼丹、蘇拉威西、峇里島、龍目島、科摩多島一直到最東邊的巴布亞，園區內將各個小島的文化特色都聚集於此，甚至連中爪哇日惹的婆羅浮屠都有縮小版可觀賞。雖稱為縮影公園，但整個園區占地有120公頃，要在大太陽底下把每一個都走完實在有些困難，到了靠近新加坡的巴淡島園區，因為太累，甚至就直接躺在類似日本榻榻米的蓆子上稍作休息。園

縮影公園內印尼早期飛機。

區真的很大,過去也是APEC各國領袖來到印尼參觀的景點之一,若想在短時間認識印尼文化,縮影公園絕對是首選。

4

國家紀念碑(Monas, Monumen Nasional)

國家紀念碑(Monas, Monumen Nasional)

🏠 Jl. Silang Monas, Jakarta 10110, Indonesia

📞 +62-21-681512

🚗 搭乘公車至Monas

💲 廣場免費參觀、內部歷史博物館Rp.5,000、
   紀念碑平台Rp.10,000

🕐 廣場及平台09:00-16:00、歷史博物館09:00-15:00
   (週一公休)

📷 2小時

國家紀念碑在建立前,先經過了一連串的設計比賽,由印尼設計師Frederich Silaban 設計的火炬圖像脫穎而出,而時任總統的蘇卡諾並不喜歡此圖樣,而是希望以印度教「Lingam」或是「Yoni」(皆為印度教膜拜的聖物)的樣貌呈現,但又因設計師並不希望更改設計故做拖延,所以最後才由另一位印尼設計師 RM Soedarsono 稍作修改,並等到印尼經濟改善後才開始動工。建設過程分成三個階段,直到 1975 年才完工。另外,若想參觀紀念碑內部,有供遊客參觀的地下隧道。隧道入口在紀念碑外圍北側約 100公尺處,從入口往下走可直通紀念碑內部,但須入場費用。

夜間打燈的國家紀念碑。

國家博物館（Museum National）

國家博物館（Museum National）

🏠 Jl. Medan Merdeka Barat 12 Central Jakarta, Jakarta 10110, Indonesia

📞 +62-21-3868172

🚌 搭乘公車至Monas過馬路即是

💲 成人Rp.5,000、小孩Rp.2,000；外國人Rp.10,000

🕐 平日08:00-16:00、假日08:00-17:00（週一休息）

🌐 http://www.museumnasional.or.id/

📷 2小時

國家博物館。

國家博物館木雕展品。

結束參觀紀念碑後，接著前往位於全印尼最大清真寺旁的國家博物館。其實參觀博物館是其次，重點是進去吹冷氣，因為雅加達的中午實在是太熱了，先進來避避熱浪。

國家博物館的館內不大，主要展區為博物館1至3樓，展出內容為印尼發展過程中的歷史文物。2018年統計館藏約有160,000件歷史文物，包含多種具特色的史前藏品，如：錢幣、陶瓷、民族誌（記載印尼不同民族的資料）等。此建築物乃於1778年荷蘭殖民時期，由當時荷蘭知識分子組成的「皇家巴達維亞藝術與科學學會」（Royal Batavian Society of Arts and Sciences）的其中一個機構所建設，且

國家博物館梁布洞穴佛洛雷斯人遺骸。

國家博物館大門右側早期飛機展示。

因創始人之一的JCM Radermacher捐贈了一座建築物和一系列書籍，而開始了這裡的館藏。若想多了解印尼發展的歷史物證、考古文物，可以在此挖掘到許多寶藏。

國家博物館公共藝術。

6

獨立清真寺（Masjid Istiqlal）

獨立清真寺（Masjid Istiqlal）

🏠 Jl. Taman Wijaya Kusuma, Ps. Baru, Sawah Besar, Kota Jakarta Pusat, Daerah Khusus Ibukota Jakarta 10710 Indonesia

📞 +62-21-3811708

🚗 搭乘公車至Juanda或Istiqlal

💲 免費參觀，建議小額捐款

◎ 以不打擾教徒為前提，建議白天參觀

📷 1小時

印尼是一個以伊斯蘭教為主的國家，雖然並無統一國教，但也規定公職人員不可無神論，否則會被視為共產黨的一員。在印尼，被政府認可的宗教有伊斯蘭教、基督教、天主教、印度教、佛教及儒教等6種。全國信奉伊斯蘭教的人民占總人口的86.1%，大多為遜尼派，也是伊斯蘭教

最大的教派。印尼也是世界上穆斯林人口最多的國家，占全球穆斯林總數的15%，因此穆斯林的集會場所清真寺對印尼民眾來說獨具意義。

雅加達的獨立清真寺是全印尼最大的清真寺，也是全東南亞第三大的清真寺，主要是為紀念印尼獨立而建，故命名為「Istiqlal」，阿拉伯語為「獨立」之意。

印尼在獨立後，有越來越多建寺的想法，其中時任「清真寺獨立報基金會」（Masjid Istiqlal Foundation）的主席Cokroaminoto，在1953年提議興建獨立清真寺，而時任總統的蘇卡諾也同意此想法並願意協助建造。建造時，考量其意義非凡，應坐落在國家最重要的獨立廣場周遭；又顧慮到宗教和睦的寬容政策，所以須建在「雅加達聖母升天主教座堂」（Gereja Santa Maria Pelindung Diangkat Ke Surga）和「伊曼紐爾教堂」（Gereja Immanuel）周圍，故選址於此。

在1955年舉辦清真寺設計比賽時，蘇門答臘北部的基督教建築師提出名為「Ketuhanan」（神或上帝之意）的作品獲選，並於1961年開始建造，耗時17年，於1978年完成。蘇哈托總統將此清真寺命名為「獨立清真寺」，內部空間可容納12萬人以上。

獨立清真寺大廳與圓形屋頂。

參觀清真寺其實很簡單，沿著動線走就可以找到入口。在入口處周圍有許多人發放黑色塑膠袋，主要是用來裝入寺前脫下的鞋子，但這些塑膠袋是要付費的，而費用則是隨喜。不過寺內就有旅客服務中心，也會提供類似的服務，若有機會造訪此地，可選擇使用旅客服務中心的服務即可。

進入寺內找到「Information Center」（資訊中心），就會有講英文的導覽人員介紹內部動線，告知該如何穿著、如何移動，並帶領到置物櫃

放下不方便隨身攜帶的行李，然後引導走上2樓。2樓是非伊斯蘭教徒可參觀的地點，走出建築物外，則可欣賞這龐大建築的美麗。

少數不肖的導覽人員只會在1樓提供介紹服務，不會隨著遊客移動，且在介紹過程中會多次提及哪幾國遊客曾經捐款多少，並在大家參觀完畢後帶去領取寄放的物品，同時伸手索取捐獻費。建議大家若有意提供捐獻費，可投入捐獻箱，對此等不肖人士，不予理會即可。

⑦ 戲偶博物館（Wayang Museum）

戲偶博物館（Wayang Museum）
🏠 Jalan Pintu Besar Utara No.27 Pinangsia, RT.3/RW.6, Kota Tua, Kec. Taman Sari, Kota Jakarta Barat, Daerah Khusus Ibukota Jakarta 11110, Indonesia
📞 +62-21-6929560
🚌 搭乘公車至Kota站
💲 成人Rp.5,000、小孩Rp.2,000
🕐 每日09:00-16:30（週一休息）
🌐 https://museumwayang.business.site/
📷 1小時

參　觀完獨立清真寺的隔天，前往知名的戲偶博物館。戲偶博物館位在雅加達北邊的庫塔舊城區，這一區有許多印尼著名的博物館，可搭 TJ 1 號公車在庫塔站（Kota）下車。下車處的圓環方圓 1 公里內就有戲偶博物館、歷史博物館和銀行博物館，其中戲偶博物館極具特色，此項文化活動也和爪哇人的生活密不可分。

戲偶這項文化表演指的是由人與戲偶一起表演的戲劇，其中戲偶主要可分為皮革製和木製2種。皮革製用於皮影戲，稱為「Wayang Kulit」，木製的稱作「Wayang Golek」。其他像草製木偶（Wayang Rumput）、椰子葉製木偶（Wayang Janur）以及紙製木偶（Wayang Kardus）等，也有少數地區使用。

在戲偶博物館中共有館藏5,000多件戲偶作品，大多數戲偶來自印尼本地，也有部分來自中國、越南、馬來西亞、印度等國家。像越南河內的昇龍水上木偶秀代表越南戲偶，庫塔戲偶則代表印尼，若想要欣賞印尼戲偶秀，可於每個月的第二、第三和第四週星期日的上午10點到下午2點，在博物館內有定期的戲偶表演。

歷史博物館
（Museum Sejarah Jakarta）

歷史博物館（Museum Sejarah Jakarta）

- Jalan Taman Fatahillah No.1, Pinangsia, Kec. Taman Sari, Kota Jakarta Barat, Daerah Khusus Ibukota Jakarta 11110, Indonesia
- +62-21-6929101
- 搭乘公車至Kota站
- 每人Rp.2,000
- 每日09:00-16:00（週一休息）
- 1小時

同位在舊城區的歷史博物館，建於西元1707年，前方是塔曼法塔希拉廣場（Taman Fatahillah），故此博物館又稱法塔希拉博物館。歷史博物館過去是荷蘭東印度公司在當時巴達維亞市（Stadhuis van Batavia）的市政廳，而後改為博物館，並於1974年開放讓民眾參觀，博物館內保留許多荷治時期的骨董家具與文物。

這裡還收藏17世紀到19世紀的巴達維亞家具，是世界上收藏量最豐富的博物館。館內提供20人以上的團體導覽服務，如：懷舊之旅（Wisata Kampung Tua）、夜間漫遊博物館（Jelajah Malam Museum）、紀錄片賞析（Nonton Bareng film-film Jadul）。而在博物館前方有荷蘭時期留下的青銅砲台，也是觀光客常合影的對象。

銀行博物館
（Museum Bank Indonesia）

銀行博物館（Museum Bank Indonesia）

- 6, Jalan Lada 3, RT.3 / RW.6, Pinangsia, Kec. Taman Sari, Kota Jakarta Barat, Daerah Khusus Ibukota Jakarta 11110, Indonesia
- +62-21-2600158
- 搭乘公車至Kota站
- 每人Rp.5,000
- 週二到週五07:30-15:30（週一休息）、週末08:00-16:00
- https://www.bi.go.id/en/Default.aspx
- 1小時

銀行博物館屬於印尼銀行（Bank Indonesia, BI），該建築物原址是巴達維亞市的醫院，後改為荷蘭東印度公司銀行第一總部，直到印尼獨立後，在1953年才改為印尼銀行，並於2009年對外開放。

博物館內主要館藏為印尼的貨幣以及印尼銀行發展歷史，館內陳列貨幣從14世紀殖民時代至今，除了印尼當地發行的貨幣，許多外國貨幣也陳列於此，若對印尼金融發展有興趣，這個博物館絕對不可錯過。如果有計畫團體參觀此博物館，可提早幾天知會博物館，博物館會安排免費導覽服務。此外，學生團體參訪，博物館還會貼心在導覽尾聲與學生討論印尼當前的經濟問題，主題是「印尼銀行在印尼國家經濟中扮演的角色」，非常有教育意涵。

02

歷史特區——日惹

(Yogyakarta)

Yogyakarta map

2 天 1 夜建議行程規劃

D1 蘇丹王宮 ➤ 水宮 ➤ 地宮 ➤ 午餐 ➤ 普蘭巴南 ➤

D2 婆羅浮屠日出 ➤ 飯店早午餐 ➤ 拼圖洞泛舟

日惹婆羅浮屠。

①

歷史介紹

　日惹，位於印尼爪哇島中部南方的大城，處於 Wingongo、Code 和 Gajah wong 三河的交界處，北面是中爪哇省，南面是印度洋。日惹的印尼文名為「Yogyakarta」（音：舊甲咖達），但因爪哇語和印尼語的差別，又名「Jogjakarta」，簡稱「Jogja」，是爪哇島上最古老的城市之一。過去的印尼是由許多國家組合而成，其中日惹曾經歷過瑪塔蘭王國、滿者伯夷帝國、瑪塔蘭蘇丹國、荷蘭殖民時期、日本殖民時期等不同的統治時期，在二次世界大戰後（1945-1949 年），更為當時印尼獨立戰爭時期的臨時首都。

日惹市中心不大，機場與火車站都在市中心內，相較於同樣為大城市的泗水及雅加達，大眾運輸工具對觀光客而言相對友善。該地區和印尼其他城市相比較不易淹水，主要是因為荷治時期將此地排水設施設計完善，再加上日惹強化排水網路，所以目前是印尼少數雨季時不會淹水的城市。市區內著名的景點是蘇丹王宮，此外在市區周邊還有兩座世界文化遺產，分別為「婆羅浮屠」與「普蘭巴南」，因此受到觀光客的青睞。

日惹在印尼的行政區劃分上很有特色，有別於東爪哇省、中爪哇省、西爪哇省、峇里省等一級行政區。日惹之所以稱為「日惹特區」，主要是因為在歷史上曾是許多朝代的首都，並在此遺留下許多首都的文化與文物，故給予特區的名稱，並在該區域內實施君主制，和其他4個特區很不一樣。在印尼，共有5個特區，除了日惹因歷史背景而成立特區外，還有因實施伊斯蘭法律的亞齊特區（特別的是日惹與亞齊都是「自治特區」），以及為了維持區域穩定的巴布亞特區（省）、西巴布亞特區（省）、雅加達的共和國首都特區。

日惹機場平面圖。

2
機場交通介紹

日惹公車路線圖。

日惹國際機場又稱阿迪蘇吉普托國際機場（Bandar Udara International Adisucipto），主要分為兩區，A區主經營國內線，B區主經營國際線和部分國內線。臺灣並無直飛日惹的航班，因此若是從臺灣要到日惹，大多會從其他城市轉乘國內線班機進來。抵達A區後取完行李走出大門，在右手邊就可以看到一排計程車櫃台，如果趕時間，不想拖行李移動，建議找到藍鳥計程車或是用喊價方式確認價格前往目的地。由於日惹機場距離市中心很近，計程車跳表價格不會太昂貴。

若不想搭乘計程車，可以考慮公車，從機場發車的公車有2種，一種是市區公車「Trans Jogja」，單程票Rp.3,500，不限里程數，和雅加達的市

區公車相同；另一種「Bis Damri」是長途直達車，主要到達地點是著名景點，如普蘭巴南。若是短期觀光客，建議包車或找旅行社，可避免在路途中遇到許多插曲。

3

蘇丹王宮（Kraton Ngajogyakarta Hadiningrat）

蘇丹王宮（**Kraton Ngajogyakarta Hadiningrat**）

🏠 Jalan Rotowijayan Blok No. 1, Panembahan, Kraton, Kota Yogyakarta, Daerah Istimewa Yogyakarta 55133 Indonesia
📞 +62-622-74373721
🚌 計程車或公車至Halte Ahmad Yani站步行10分鐘
💲 Rp.12,500 / 人、相機Rp.1,000 / 台
🕐 08:30-13:30
🌐 http://kratonjogja.id/
📷 1小時

蘇丹王住所。

蘇丹王宮。

說起蘇丹王宮，必須先將時間往回推到 18 世紀。位於日惹的蘇丹國，前身是馬塔蘭蘇丹國（Mataram Sultanate），或稱馬塔蘭伊斯蘭國（Mataram Islam）。在蘇丹阿貢（Agung Sultanate）國王統治馬塔蘭蘇丹國之後，由於權力鬥爭導致後期國力衰弱，當時從歐洲來的荷蘭東印度公司見機不可失，便在馬塔蘭蘇丹國內訌期間趁機擴大了東印度公司對該地區的統治勢力，迫使馬塔蘭蘇丹國在 1755 年 2 月 13 日與東印度公司簽訂「吉揚提條約」（Treaty of Giyanti），條約內容是將原本的馬塔蘭蘇丹國分隔為南部的「日惹蘇丹國」（Yogyakarta Sultanate）與偏北的「梭羅蘇丹國」（Surakarta Sultanate）2 個國家。

在荷蘭殖民時期，南部的日惹蘇

文官幕僚。

蘇丹七世轎子。

王室圖騰。

蘇丹王宮內客廳。

丹國有兩位主要統治者，一位是日惹蘇丹，另一位是統治範圍較小的帕庫阿拉曼親王（Prince Paku Alam I）。這兩位統治者在荷蘭政府的安排下，日惹蘇丹負責絕大面積的日惹蘇丹國，而帕庫阿拉曼親王負責日惹蘇丹國的西南角（Wates）並分別實施自治。而在印尼獨立之後，兩位統治者皆宣布效忠印尼政府，也願意讓日惹成為印尼的一部分，因此兩位統治的區域合併成現今的日惹。

現今日惹的管理，由特區政府負責，其特區政府由首腦及地方議會組成。該地區的首腦即所謂的「日惹總督」。總督一職由過去蘇丹繼承，目前是由哈孟谷布沃諾十世（Hamengkubuwono X）出任，最特別的是日惹總督沒有任期制，也不必接受印尼政府的人事命令，成為印尼實質的一國兩制地區。至於內政，也是由日惹總督負責，至於外交國防則是印尼政府的職責。而蘇丹王宮就是現今特區的行政中心，又稱「日惹王宮」。

來到蘇丹王宮，一進大門後，右手邊即可看到售票亭。這裡的售票無分本國人、外國人，均一價Rp.12,500，若要拍照則須多付Rp.1,000，票買好後即可進入王宮。一進入王宮先看到的是前廣場，廣場中有一個類似風雨球場半室內活動空間，這是當時的國王哈孟谷布沃諾一世（Hamengkubuwono I）於1756年所修建。目前王宮內有皮影戲等傳統宮廷劇場依時程表演出。在廣場另一邊發現了有趣的紀念碑，是民國29年日惹當地的華人慶祝第九代蘇丹王繼位所刻的石碑，在海外看到中文字倍感親切。

參觀時，其他建築物若有開放，展示的都是蘇丹王宮的收藏或是一些紀錄畫面，這些文物都見證了這個地區過去的君主制，也因保存完善才讓我們更有機會一窺究竟。最特別的是這邊穿著藍色制服的志工，每個人背後都插有一把爪哇短劍，這也是從以前就留下來的傳統。

4

水宮（Taman Sari）

水宮（Taman Sari）

🏠 Komplek Wisata Taman Sari, Taman, Kraton, Patehan, Kraton, KotaYogyakarta, Daerah Istimewa Yogyakarta 55133 Indonesia

📞 +62-817-265-343

🚍 從日惹王宮步行約15分鐘

💲 Rp.15,000 / 人。

🕐 09:00-15:00

⏱ 1小時

水宮位在蘇丹王宮旁約1公里的位置，是18世紀由葡萄牙建築師Demang Tegis 所設計建造，融合葡萄牙與爪哇之特色。售票口位在大門右手邊，同樣不分本國人、外國人，票價一律 Rp.15,000。此水宮可謂當時蘇丹國王的後花園，主要當作花園、度假娛樂之用，一進入大門即可看到左右各一個大池子，大池子左方有一座約三層樓高的建築，可以沿著建築由下攀爬樓梯而上登高望遠，景色賞心悅目。

從三樓往下一望，過去蘇丹國王便是在此欣賞7位妃子戲水，並挑選當晚由誰侍寢。雖然建築看起來老舊，但娛樂功能齊全，如果想體會從蘇丹國王的角度看世界，相信這是一個很

好的機會。

穿過水宮，從右後方的小巷進入巷弄，會發現王宮座落處和百姓的居住區頗「親近」。原來過去蘇丹國王體恤百姓，把王宮一部分的用地與民分享，因此才有今天的畫面。

水宮。

5

地宮（Sumur Gumuling）

地宮（Sumur Gumuling）

🏠 Patehan, Kraton, Kota Yogyakarta, Daerah Istimewa Yogyakarta 55133 Indonesia

🚗 從水宮步行約10分鐘

💲 免費（含在水宮門票內）。

🕐 09:00-17:00

📷 1小時

地宮入口。

在巷弄內我們左彎右拐，隨著人群來到一個一層樓的平房，進入才發現屋內別有洞天。沿著階梯向下走，到了約地下 2 層樓的深度，這裡就是所謂的地宮。這個地道過去四通八達，還可以乘坐小船穿梭王宮、水宮等宮裡的建築，中間有一個天井朝向四面，可惜現在沒有水了，不然真令人好奇每條水道能通到哪呢！

地宮樓梯。

99

參觀完地道後，我們沿原路回到地面上，走了約5分鐘來到過去蘇丹王國所留下的遺跡——鞭子島（Pulau Cemeti）。之所以稱為島，是因為過去蘇丹國王會來此區划船，但目前湖泊消失，因此看不到島的樣貌。在2006年因地震的關係，此遺跡至今仍尚未修復，不過在此可以居高臨下，遠眺周圍整個王宮，且斑駁的建築也成為最好的拍照背景。

6

普蘭巴南（Candi Prambanan）

普蘭巴南（Candi Prambanan）

- Jl. Raya Temulawak, Prambanan 55514, Indonesia
- +62-274-496401
- 計程車、搭1A公車到Terminal Prambanan站或Bis Damri直達
- 居留證門票Rp.30,000/人、外國人>10歲USD25、3-10歲USD15
- 07:30-16:00
- http://borobudurpark.com/en/temple/prambanan-2/
- 4小時
- 建議包車含導遊一天價格：Rp.1,625,000/車

普蘭巴南廣場。

普蘭巴南位於日惹特區的東方約40公里處，是印尼最大的印度教建築，並為聯合國教科文組織的世界文化遺產（UNESCO：United Nations Educational, Scientific and Cultural Organization），但於2006年因爪哇地震受到嚴重破壞，雖然整體結構還在，不過建築本身有許多裂痕，在日惹古蹟保護局評估下，現在採人數控管方式開放進入。

抵達停車場後，就跟著導遊的腳步前進普蘭巴南。普蘭巴南寺廟群主要由8個主廟所建成，「廟」印尼文叫做「candi」（音：簪地），而不是英文糖果「candy」的發音。最主要的3座神廟當中供奉著3位主神，分別為毀滅之神——濕婆、秩序之神——毗濕奴、以及創造之神——梵天，只有最

寺廟外牆石雕柱。

排隊進入普蘭巴南寺廟群。

中間的濕婆神廟有人數控管。濕婆神廟有東、西、南、北4個石室，除了供奉濕婆神像，另外3個石室分別供奉其妻子——難近母、濕婆的化身——投山仙人、及濕婆的兒子——象頭神。

　　普蘭巴南的建造有一個傳說，據說難近母是以前的爪哇公主（Boko國王的女兒），因此難近母的石室又稱為「窈窕處子之廟」（Loro Jonggrang）。傳說是這麼描述的，因為公主當時被迫下嫁給他不愛的Bandung Bondowoso，她為此婚事開了條件，若Bandung Bondowoso可以在一個晚上為她建造一座有1,000尊石像裝飾的廟宇，她就願意委身下嫁。Bandung Bondowoso聽到之後立刻著手建造，這位準駙馬在建造時有鬼神相助，眼看天還沒亮，已經快將1,000尊石像給雕刻好。此時公主一見大事不妙，便派人在此廟宇的東方放火，而公雞以為天亮，因此拉開嗓音大聲啼叫，把幫助準駙馬的鬼神都嚇跑了，以致來不及完成廟宇。當Bandung Bondowoso發現了公主的伎倆，盛怒之下，便將公主變成這尊美麗的石像。

　　在這3座主廟以外的廟，分別供奉濕婆的坐騎「神牛」（Nandi）、毗濕奴的坐騎「大鵬金翅鳥」（Garuda）、以及梵天的坐騎「孔雀」（Hamsa），其中金翅鳥就是現在印尼的吉祥物，又稱印度尼西亞鷹，同時也是現在印尼鷹航的圖騰。

外牆印度教雕刻。

寺廟外牆浮雕。

寺廟群後方。

　　參觀完主廟區後，旁邊還有3座寺廟群，分別是「盧崩廟」（Candi Lumbung）、「布拔哈廟」（Candi Bubrah）和「瑟悟廟」（Candi Sewu），不過前兩座寺廟群因地震破壞得頗嚴重，只剩瑟悟廟群保存良好。

　　抵達瑟悟廟時，因它的名氣不如普蘭巴蘭主廟大，加上夕陽西沉使得遊客較少，隨手一拍就是劇照風格的照片。

瑟悟廟。

婆羅浮屠（Candi Borobudur）

婆羅浮屠（Candi Borobudur）

⌂ Jl. Badrawati, Kw. Candi Borobudur, Borobudur, Magelang, Jawa Tengah 56533 Indonesia

☎ +62-293-788266

🚌 計程車、搭2A或2B公車到Terminal Jombor再轉車到 Terminal Borobudur站。（若搭乘公車請注意早班及晚班時間）

💲 門票Rp.325,000 / 人

🕕 06:00-17:00

🌐 http://borobudurpark.com/en/temple/borobudur-2/

📷 4小時

❗ 建議包車含導遊一天價格：Rp.1,625,000 / 台

印尼日惹婆羅浮屠塔、柬埔寨吳哥遺跡、及緬甸浦甘佛塔，合稱「東南亞三大佛教遺跡」。除此之外，婆羅浮屠塔也與中國萬里長城、印度泰姬瑪哈陵及柬埔寨吳哥窟，合稱「古代東方四大奇蹟」。難得到此，當然要將婆羅浮屠塔列為行程之一。

為了到婆羅浮屠看日出，凌晨03:00就在飯店大廳集合，導遊03:15出現在飯店，上車順利出發，希望趕在04:30前順利抵達Manohara飯店。由於婆羅浮屠06:00才開放，如果要在婆羅浮屠塔頂觀看日出，需在04:30就抵達Manohara飯店，因為他們有獨家「婆羅浮屠日出Sunrise」行程。

抵達飯店進入大廳前須經過安檢門，所有背包都需要被檢查，進入大廳後到右方櫃檯購票，一個人票價Rp.325,000（在此居留證並無優惠）。除了門票以外還包含手電筒一隻，這支手電筒要拿好，因為結束後可憑此手電筒換一條「沙龍」。

循著指標，我們迅速通過Manohara飯店，經過S型走道馬上看到婆羅浮屠塔下方，越接近越興奮，三步併做兩步往上爬到塔頂，抬頭一望天空閃閃發光，那不是星星，而是上面已有很多人拿著手電筒，我們來晚了，觀看日出最好的視野已經被占滿了。這裡的階梯間隔蠻大的，走路要小心別踩空。

沿著佛塔繞了一圈，攝影的好位置都已經被腳架或是人群占滿，等待日出的過程中，我們研究了一下婆羅浮屠的歷史。婆羅浮屠是9世紀最大的佛教建築，在2012年金氏世界紀錄（Guinness World Records）中被認為是當今最大的佛寺。此建築是在西元842年由當時統治爪哇島的夏蓮特他王

朝（Wangsa Sailendra）所建，婆羅浮屠的意思是梵語中的「Vihara Buddha Ur」，也就是「山頂中的佛寺」，後來因為火山爆發使佛塔群下沉，並隱沒在叢林中近千年，直到19世紀初才被發現。

終於，遠方魚肚白出現了，當陽光慢慢灑落大地，以婆羅浮屠為中心向四周擴散，由於周圍地勢較低，雨林中的水氣也慢慢蒸發，這一幅隱沒在雲霧繚繞中的美景，五彩繽紛的畫面，真令我印象深刻。

在統計中發現，此佛塔的塔基、塔身、塔頂以4：6：9的比例建造，在附近的廟宇Pawon和Mendhut也發現是一樣的比例，考古學家認為這可能和曆法、天文、宇宙觀有關。佛塔由上而下主要分為塔頂、塔身與塔基三部分，四面都有入口，總共由32隻石獅子守住4個入口。而佛塔上3個部分分別代表佛教大千世界的3個修煉境界「欲界、色界、無色界」。其中塔基代表欲界，五層的塔身代表色界，三層圓形的塔頂跟主塔頂代表無色界。19世紀末，人們在塔基下發現隱藏的160幅描繪真實欲界的浮雕作品，使人更可一探佛教的神祕境界。

這裡的每一座佛塔內皆有一尊佛像，特別的是佛塔用的磚，每塊顏色深淺皆不同。繞了一整圈發現有一座佛塔是開放的，裡面有一座坐像的佛像。起初以為每尊佛像都長得相同，但細看後發現其實不一樣，每一座佛塔內的每尊佛像手勢會有微妙的差別，若您的時間充裕，也可仔細觀察。

隨著太陽高昇，婆羅浮屠6點正常開園，滿山滿谷的人龍依序擠進佛塔，為了不想人擠人，趕在人龍擠上來前趕快下佛塔。7點回到Manohara飯店，記得在這裡將手電筒還給櫃台，工作人員會換一個沙龍給您！結束了美麗的日出行程，我們驅車回到入住的飯店享受早餐，稍作休息後，11點整裝出發前往「拼圖洞」。

婆羅浮屠全景。

拼圖洞（Goa Pindul）

拼圖洞（Goa Pindul）

🏠 Bejiharjo, Karangmojo, Bejiharjo, Gunung Kidul, Kabupaten Gunung Kidul, Daerah Istimewa Yogyakarta 55891 Indonesia

📞 +62-818-04078555

🚗 計程車或包車前往

💲 地洞探險Rp.80,000 / 人、順流而下Rp.80,000 / 人
二合一套裝Rp.150,000 / 人

🕐 07:00-17:00

🌐 http://cavetubingpindul.com/

📷 4小時

⚠️ 建議包車含導遊一天價格：Rp.1,625,000 / 台

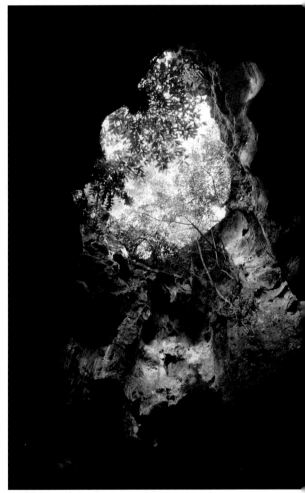

拼圖洞（印尼文，Goa Pindul；英文，Pindul Cave），是位在日惹東方約40公里的一處石灰岩洞穴，內部有地下河流貫穿。抵達後馬上有專員來接待。專員介紹拼圖洞的活動有兩段路線，第一段是經由地洞參觀拼圖洞穴，第二段是沿著順流而下的河沿路探險。既然來到這了，當然兩段路線都要試試！聽完介紹後，教練Danny先帶我們穿上救生衣，然後跳上發財車，前往探險的目的地。

先介紹第一段路線。發財車停在一個小村莊的停車場後，每個人領一個「充氣甜甜圈」，這就是等一下探險的保命泳圈，甜甜圈裡面用兩條彈力繩交叉，就可以一屁股坐下去！這

拼圖洞。

圖1：拼圖洞購票。　　　圖4：依序下水。　　　圖7：拼圖洞內蝙蝠倒掛。

圖2：充氣甜甜圈。　　　圖5：拼圖洞入口。　　　圖8：拼圖洞與跳台。

圖3：前往河邊。　　　　圖6：鐘乳石。

種坐法屁股100%會溼，所以請做好全身溼透的準備再來玩這個洞穴。

在教練的幫助下，大家依序坐上的甜甜圈。每個人都抓著鄰員甜甜圈上的繩子，這樣可以確保大家一起行動。順著河道由上游往下游，教練則是半身在外幫助大家加速減速及控制方向。準備好就出發！進入洞穴後可以發現裡面主要為喀斯特地形（Karst topography）所組成的碳酸鹽（CaCO$_3$）洞穴，可以找到石筍、鐘乳石以及石柱，更可以在上面的許多洞穴發現果蝠的影子。教練也會用簡單的英文介紹洞穴內的環境，因水的流速很慢所以也不會太緊張。過程中只要依照教練指引，注意兩側環境即可。

離洞穴出口不遠處，發現了一個天井，但與其說是天井，不如說像是地表破了一個大洞，有種自己是井底之蛙的感覺。在這個大洞旁有個2公尺的跳水平台，因為水有點濁，建議來此活動時可以帶蛙鏡來，確保下水後眼睛不會進沙。雖然如此，還是忍不住跳了兩次水，想一消暑氣的朋友可以嘗試看看！跳完水後馬上就到出口，全程大約40分鐘。

回到陸地後我們繼續往下走了5分鐘，發財車已經就位，上車後繼續前往第二段的水道旅行。在發財車上搖搖晃晃，也要小心迎面而來的樹枝。通過了一片玉米田後來到第二個水道，這裡不是洞穴探險，而是單人泛舟。

每個人又再次坐上甜甜圈，這次的溪流較急，要小心屁股別被石頭給撞到了。可以把兩腳伸直，讓自己不會沉得那麼下面。這條溪流的重點是瀑布與跳水，可以在瀑布下做天然SPA，跳台則有5公尺和7公尺兩種高度。跳水結束後也就差不多到這條河的尾聲，行程走完約1小時。

03

華人之都——泗水

(Surabaya)

Surabaya map

Surabaya Map

1日遊

Surabaya Map

半日遊

3天2夜建議行程規劃

D1　偉大清真寺　→　泗水紀念碑　→　鄭和清真寺　→　獨立紀念碑　→　百年天主教堂　→　肯傑海濱公園（觀音廟、天壇及四面佛）

馬都拉燈塔　←　滿者伯夷飯店　←

D2　華人市場　→　科班朗多瀑布　→　峇都珍奇動物園　→　滿者伯夷飯店

D3　香菸博物館　→　潛水艇博物館　→　哥布朗傳統市場

偉大清真寺。

歷史介紹

泗水，印尼文、爪哇語或英文稱之「Surabaya」（音：蘇臘巴亞），原意是「鯊魚鱷魚」。泗水是印尼第二大的城市，僅次於首都雅加達，它位在爪哇島東邊，目前有超過 400 萬人居住於此，而當地華人則超過 100 萬人，是印尼各城市中華人占比最高的城市，因此又稱「華人之都」。

泗水這塊土地原本多為沼澤，因明末清初的「漳州兵災」，導致閩南漳州地區百姓流離失所，許多華人從福建省漳州府龍溪縣坐船飄洋至此，也帶來福建地區的民間信仰「泗洲佛祖」，即「男相觀音」到此建廟，為的是保佑當地人民不受到鯊魚和鱷魚的傷害。而華人口中供奉男相觀音泗洲佛祖的廟宇稱為「泗水廟」，後來則演變成為現在的地名「泗水」。

機場交通

泗水國際機場又稱為朱安達國際機場（Bandar Udara Internasional Juanda），以印尼唯一一任的首相朱安達（Juanda Kartawijaya）命名。此機場有2個航廈，分別為國內線的第一航廈（Domestic Terminal），簡稱「T1」，還有國際線的第二航廈（International Terminal），簡稱「T2」。

第一航廈主要服務的航空公司有：獅航、飛翼航空、巴澤航空、三佛齊航空、南航、卡爾星空航空等；第二航廈的航空公司則有：印尼鷹航、亞洲航空、國泰航空、中華航空、虎航、新加坡航空、捷星航空、沙烏地阿拉伯航空、長榮航空等。

從泗水機場出關後，離開機場的交通工具只有巴士或計程車2種，巴士主要為Bis Damri（印尼國有公共交通巴士），每人票價Rp.25,000，路線從機場到市區轉運站Purabaya Bus Terminal。如果行李較多，不建議搭乘巴士，因為需要拖著行李在轉運站轉車，搭乘計程車會較為方便。

在泗水機場並無多媒體機台可叫計程車，也沒有藍鳥計程車或優步，不過在第一航廈和第二航廈出口兩側有各家計程車行的叫車服務。泗水機場為白牌計程車的勢力範圍，若要找到便宜的乘車價格，建議走出大門後向兩旁的司機喊價，當然價格不能差太多。車資會是計程車行櫃台公告價格再少Rp.30,000-Rp.50,000左右，不懂印尼文也可以嘗試用英文喊價，會有懂英文的仲介用手機按數字議價，喊價時要特別注意是否包含機場停車費及過路費。

若不想如此麻煩，可以向兩旁車行櫃檯表示你的目的地，會有價格表可以參考，但付錢之前同樣要特別確認是否含停車費和過路費，如果沒有確認，上車後司機會再請你拿出停車費和過路費。

偉大清真寺（Masjid Nasional Al Akbar）

偉大清真寺（Masjid Nasional Al Akbar）

- Jl. Mesjid Agung Tim. No.1, Pagesangan, Jambangan, Kota SBY, Jawa Timur 60234 Indonesia
- +62-31-8289755
- 優步或藍鳥計程車
- 觀景電梯門票Rp.7,000
- 以不打擾教徒為前提，建議白天參觀
- https://www.masjidalakbar.or.id/
- 1小時

伊斯蘭教於 13 世紀初期由穆斯林（伊斯蘭教徒）商人傳入北蘇門答臘，並在 16 世紀成為各地區的主流宗教，這樣的優勢一直持續至今。泗水為全印尼第二大城，在西元 1995 年 8 月 4 日，時任泗水市長的 H. Soenarto Soemoprawiro 提出蓋大清真寺 Al Akbar 的想法，而時任副總統的蘇特利斯諾（Try Sutrisno）也同意於泗水興建大清真寺，但當時印尼遭受金融危機，興建工程因而停擺，直到 1999 年才重新動工。2000 年 11 月 10 日總統瓦西德（Abdurrahman Wahid）在接近完工的大清真寺宣布就職，整棟建築物於隔年（2001 年）完工。

整座清真寺分為主體以及右後方的尖塔。主體由4個小圓頂和一個大圓頂形成，搭配土耳其藍的磁磚，造型及顏色非常醒目。清真寺占地22,300平方公尺，主建築最多可容納59,000名朝聖者。後方尖塔高99公尺，可從1樓購票坐電梯至3樓觀景台。

清真寺可從大門進入，但入內時要注意穿著，男生以不露出膝蓋以上為原則，女生只能露出臉跟手，因此

清真寺大廳。

清真寺屋頂。

要參觀清真寺最好穿長袖長褲或長裙，如果無法遵循規定，不建議入內參觀，因為清真寺對穆斯林而言是極莊嚴的地方，所以要注意入寺細節。寺內環境整潔清幽，地板明亮乾淨到像是會反光的鏡子，站在這偌大而寬敞的空間中由下而上觀看，那中空對稱的圓頂，其對稱的美感不是平常所能見的，再加上兩旁也有穆斯林在禱告，走進這樣肅穆的環境，玩心也跟著收斂起來。

4

泗水紀念碑（Monument of Suroboyo）

泗水紀念碑（Monument Of Suroboyo）

- Jl. Setail, Darmo, Kec. Wonokromo, Kota SBY, Jawa Timur 60241 Indonesia
- 優步或藍鳥計程車
- 免門票
- 24小時
- 0.5小時

泗水紀念碑。

泗水紀念碑位在泗水動物園前方廣場，是由象徵泗水的鯊魚（Suro）和鱷魚（Boyo）纏繞所矗立的紀念碑，這圖騰意象也是泗水市徽。為何會由這兩種動物來代表泗水呢？傳說當時海中之王鯊魚和陸地之王鱷魚在此處打架，結果兩者皆雙雙戰死，死後變成了陸地，也就是現今泗水所在的位置，因此在泗水常以鯊魚和鱷魚代表此地區，而這座紀念碑也成為觀光客來到泗水必朝聖之地。

鄭和清真寺（Masjid Muhammad Cheng Hoo）

鄭和清真寺（Masjid Muhammad Cheng Hoo）

🏠 Jl. Gading No.2, Ketabang, Genteng, Kota SBY, Jawa Timur 60272 Indonesia

📞 +62-813-9869-2692

🚗 優步或藍鳥計程車

💲 免門票

⏰ 以不打擾教徒為前提，建議白天參觀。

🕐 0.5小時

鄭和清真寺。

壁畫。

15 世紀至 17 世紀期間，是著名的地理大發現（Age of Discovery）時期，又有「探索時代」、「海權時代」等別名。當時有許多歐洲船隊出現在世界各地尋找新的土地、路線以及貿易夥伴，著名人物有哥倫布（Christopher Columbus）、麥哲倫（Ferdinand Magellan）、達加碼（Vasco da Gama）等。而同時期的中國明朝也有一位著名的航海家——鄭和，其航程超過 7 萬海浬，距離足夠繞地球 3 圈，印尼泗水曾經是他的中繼站，因此在泗水可以看到鄭和清真寺。

鄭和出生於明洪武四年，即西元1371年，是位太監，回族人，信奉伊斯蘭教。鄭和當時被明朝選派下西洋，也因為他是伊斯蘭教徒，認為他的身分可以減少隔閡與不便。1405年7月11日明成祖任命鄭和率領240多艘船艦，共27,400名船員開始第一次遠航，拜訪西太平洋與印度洋國家，來回總共7次，最後回程到古里（Kalikut），也就是現今印度科澤科德（Calicut；古里是中國元、明時代稱此地的舊稱）時因病過世，享年61歲。

鄭和在1417年6月第5次前往西洋，抵達了蘇門答臘亞齊省、爪哇島

的三寶瓏與泗水，對印尼當地影響深遠，甚至還協助推翻蘇門答臘王。其左右手馬歡更多次居住在現今馬來半島南部、婆羅洲及印尼蘇門答臘、峇里島，這些地方當時皆稱為滿者伯夷（Majapahit）。

當時鄭和為了促進與滿者伯夷的和平共處，還建議朝廷將明朝公主（Putri Campa，中文名Siu Ban Ci）許配給滿者伯夷國王（Brawijaya），其後代陳文（Raden Patah）也成為爪哇島上伊斯蘭教淡目國（Kerajaan Demak）的創始者。

這座鄭和清真寺主要是模仿西元996年中國北京牛街的清真寺，由印尼華裔伊斯蘭協會會員Aziz Johan工程師所設計，興建清真寺的第一筆款項為Rp.5億，並由「印尼哈夷鄭和基金會」（Yayasan Haji Muhammad Cheng Ho Indonesia）籌資。主建築面積11公尺乘9公尺，11公尺象徵為麥加的天房（Ka'bah），9公尺象徵印尼9位伊斯蘭教聖哲。主建築內沒有祈禱室，外型酷似基督教堂門扉，這也說明伊斯蘭教願意和異教和平共處、互相尊重。此外，主建築為八角形，使用數字「8」主要是跟華人發音「發」接近，象徵興旺吉祥。

6
獨立紀念碑
（Monumen Tugu Pahlawan）

獨立紀念碑（Monumen Tugu Pahlawan）
- 🏠 Jl. Bubutan, Alun-alun Contong, Bubutan, Kota SBY, Jawa Timur 60174 Indonesia
- 📞 +62-31-3571100
- 🚕 優步或藍鳥計程車
- 💲 廣場免費
- 🕐 博物館平日08:00-16:00，假日07:00-15:00
- 🌐 https://museumsepuluhnopember.business.site/
- 📷 1小時

印尼領袖蘇加諾與哈達像。

「獨立紀念碑」又稱「英雄紀念碑」，談起這座泗水的地標，就要從印尼的發展歷史說起。時間回溯到16世紀，當時歐洲人航海事業興盛，抵達了現今印尼的區域後，發現了許多

小國家，一些歐洲強權國家開始在此建立殖民地，荷蘭就是當時占領最多土地的國家。

起初荷蘭民間成立東印度公司來管理此地區的殖民統治任務，在1799年東印度公司解散後則被荷蘭政府實質接管。第一次世界大戰結束後，印尼當地的原住民開始爭取自治。到了第二次世界大戰期間荷蘭戰敗，改由希特勒領導的德國完全佔領，同時東印度公司也宣布和當時最大的貿易夥伴日本結束夥伴關係。這個舉動觸發了日本對印尼的侵略行動，也就是印尼當時有機會獨立的原因。美國於1945年8月6日及8月9日分別朝日本丟下兩顆原子彈後，日本宣布投降，當時的印尼代表人物，也就是出生於泗水的蘇加諾（Soekarno）立即在隔日1945年8月10日發表了「印尼獨立宣言」（Merdeka）。

1945年10月，英國政府以維護治安的名目代替戰敗國日本接管了印尼全境，盟軍也禁止日本將二戰時的武器交給印尼人，但一部分日本人私下把武器交給印尼當地人，也因此讓得到武器且想獨立的印尼人在10月下旬和當時的英國人發生了「泗水戰役」。

這座紀念碑即是紀念在1945年11月10日泗水戰役中犧牲的英雄。碑高41.15公尺，有10個拱門，並分為11個部分，意在紀念11月10日這重要的日子，最後於總統蘇加諾任內1952年11月10日完工。

7

百年天主教堂
（Gereja Katolik Kelahiran Santa Perawan Maria）

印尼雖然以伊斯蘭教為最大宗，但也接受其他宗教信仰，例如天主教即是印尼的法定信仰之一。天主教是如何傳入泗水地區，可追溯至1810年7月12日，當時隨著荷蘭東印度公司來到泗水的神父 Hendrikus Waanders Pr. 在此待了6個月，是天主教神父進入泗水地區的首例。到了1822年Hendrikus Waanders Pr. 神父再次回到此地，並在現今的 Jl. Merak 和 Jl.

天主教堂大廳。

天主教堂。

教堂側方。

百年天主教堂（Gereja Katolik Kelahiran Santa Perawan Maria）

🏠 Jl. Kepanjen No.4-6, Krembangan Sel., Krembangan, Jawa Timur, 60175 Indonesia

📞 +62-31-3551077

🚗 優步或藍鳥計程車

💲 免門票

🕐 以不打擾教徒為前提，建議白天參觀。

🌐 http://www.kelsapa.org/

📷 0.5小時

Cendrawasih 建造了第一座天主教堂。

19世紀末期，三寶瓏建築師W. Westmass於Jl. Kepanjen建造了另一座教堂，而這一座教堂於二次世界大戰中被炸毀，1950年重新整修，也就是現今我們所看到的這座百年天主教堂的模樣。有趣的是，即使經過這麼多年不斷翻修，仍可在此教堂內發現1899年建造時所留下來的磚塊。

而這個教堂在1945年11月的泗水戰役中遭受大火破壞，在1950年又重新修整，但原有的高塔已消失，直到1996年這座沒有高塔的天主教堂終於重建新塔。新建的這兩座塔高15公尺，寬3.5公尺，值得一提的是若從高空俯瞰，可以發現這座教堂的設計也是十字架形狀唷。

天壇。

觀音廟後門。

四面佛。

8

肯傑蘭海濱公園（Kenjeran Park）

肯傑蘭（Kenjeran）位在泗水的海岸線上，這裡有 3 座特別的宗教建築，分別是「觀音廟」、「四面佛」及「天壇」。第一站來到「泗水觀音廟」（Sanggar Agung Temple）又稱宏善堂。其緣由是明末清初之際中國發生漳州兵變，當時鄭成功和鄭經父子抗清，到了南明永曆年間，也就是清朝順治 3 年到康熙 19 年期間，因漳州地區年年

肯傑蘭海濱公園（Kenjeran Park）

🏠 Jl. Sukolilo No. 100, Kota SBY, Jawa Timur 60122 Indonesia

📞 +62-31-3816133

🚗 優步或藍鳥計程車

💲 免門票

🕐 09:00-17:00

📷 1小時

戰爭，導致百姓流離失所，迫使福建沿海漳州府龍溪縣的百姓移民到了印

尼，當然也將閩南的信仰（即泗洲佛祖「男相觀音」）帶進這塊土地，而人們為了向觀音祈求免受「鯊魚」和「鱷魚」的傷害，便建立了這座「泗水觀音廟」。

馬路的另一邊，供奉的是四面佛（Patung Buddha 4 Rupa）。拜四面佛有許多禁忌，還願更不是一件容易的事情，個人因為不懂拜四面佛的規矩，所以不敢參拜，只拍拍照就離開。

參觀完這兩座廟宇後再往遊樂中心入口方向移動，那裡有一座類似臺北淡水天元宮或是北京天壇的圓形建築，由於沒有正式名稱，姑且稱它泗水天壇吧！這天壇坐落在許多草叢中央，但內部並未對外開放，許多年輕男女在泗水天壇的後方嬉戲玩耍，甚至有人在此操作空拍機呢！

參觀完偉大清真寺、百年天主教堂和肯傑蘭海濱公園這3個地方，已經把泗水地區的伊斯蘭教、天主教、印度教及佛教等主要宗教建築走了一遭！

9

馬都拉燈塔（Mercusuar Bangkalan）

馬都拉燈塔（MercuSuar Bangkalan）

🏠 Jalan Sembilangan, Socah, Pernajuh, Kec. Bangkalan, Kabupaten Bangkalan, Jawa Timur 69161 Indonesia

🚗 優步或藍鳥計程車

💲 燈塔免門票、馬都拉大橋過路費Rp.15,000 / 車

🕐 建議白天參觀。

📷 2小時

馬都拉燈塔位在馬都拉島西南角，相較於海峽對岸的城市泗水，這裡的生活環境是相對純樸與原始。馬都拉島位在爪哇島東北方，屬東爪哇省管轄，與泗水隔著馬都拉海峽相望，島嶼面積共5,290平方公里，人口約350萬人，主要信仰為印度教。這裡每年8月到9月會舉辦最大的盛事——牛車競賽，這是利用兩頭牛拉著木橇，人站在木橇上控制方向的競速賽。

要從泗水抵達馬都拉島，須跨過蘇臘馬都大橋（Jembatan Suramadu），這座大橋全長5,438公尺，寬度30公尺，高度146公尺，是印尼境內第一座斜張式大橋，內有4線汽車道路外加路肩，最外則為機車兩線

道，從泗水往馬都拉或從馬都拉往泗水皆有收費站，載人汽車或小巴每台每次過路費Rp.15,000。

由於馬都拉島占地廣大，從泗水過橋進入馬督拉後，花了近一小時才找到馬都拉登塔。這座燈塔是荷蘭殖民時期的建築，經過多次翻修才成為現在的模樣。1879年荷蘭國王威廉三世（Z.M. Willem III）留下兩塊區額在此，一塊在西南角馬都拉燈塔上，另一塊則在東北角漯水縣（Sumenep）。整座燈塔高65公尺，內有17層鐵製階梯堆疊至塔頂，現在有人駐守。燈塔內部平常未對外開放，只能在燈塔下向上觀看這座巍巍聳立在馬都拉的燈塔。

馬都拉燈塔。

10

香菸博物館（House of Sampoerna）

香菸博物館（House of Sampoerna）

🏠 Taman Sampoerna No.6, Krembangan Utara, Pabean Cantian, Kota SBY, Jawa Timur 60163 Indonesia

📞 +62-31-3539000

🚌 免費巴士、優步或藍鳥計程車

💲 免費

🕐 09:00-19:00（週日休息）（目前因疫情暫停開放）

🌐 https://www.houseofsampoerna.museum/

📷 1小時

香菸博物館是我在泗水市區旅遊（City tour）時常去的經典博物館，坐落於泗水的北方。該博物館為1862年荷蘭殖民時期的建築，於1932年由福建華裔林姓商人（Liem Seeng Tee；林生地）買下，並以此建築為香菸工廠，開始製造印尼東爪哇香菸。

過去香菸包裝。　　　　　　香菸工廠廠房。　　　　　　　　　　香菸博物館的火柴盒。

　　博物館為過去工廠的遺址，從大門的設計可以看出荷蘭風格，但由於林老闆來自福建，在大門口仍可看出「林」與「王」兩個華人姓氏，「林」代表的是老闆的姓氏，「王」則為「菸草之王」之意。

　　而林老闆會成功，主要在於他專門製造純手工捲菸草，而且在菸草內加入了丁香和肉桂等辛香料，使得他的菸抽起來味道和其他牌子有明顯的區別，因此在印尼找到獨有的市場，在老客戶口耳相傳之下，也把市場從東爪哇擴張到全世界。

　　博物館內展示著當時製作菸草的相關化學器材，也展示著當時點菸的火柴盒和香菸的外包裝。而在2樓有一個大櫥窗，可從高處觀看後方的工廠，那就是早期工人在菸草工廠內工作的環境。

　　除了參觀香菸博物館，也可利用博物館所提供的免費觀光巴士認識泗水，搭乘巴士需在現場報名。由於巴士有人數限制，建議利用平日前往。觀光巴士相關旅行資訊可參考官網。

11

潛水艇博物館（Monumen Kapal Selam）

位在固本火車站（Gubeng）附近的潛水艇博物館，對於利用火車旅行的背包客來說，是個不容錯過的景點。在臺灣潛水艇不常見，更不用說登上潛水艇參觀了，但在泗水市中心就有一艘二次世界大戰遺留下來的蘇

潛水艇博物館（Monumen Kapal Selam）

- Jl. Pemuda No.39, Embong Kaliasin, Genteng, Kota Surabaya, Jawa Timur 60271 Indonesia
- +62-31-5490410
- 優步或藍鳥計程車。
- Rp.15,000
- 08:00-22:00
- http://monkasel.id/
- 1小時

潛水艇博物館。

聯製潛水艇，保存良好，內裝除了加裝照明以及冷氣，其他幾乎維持原樣，就來一探究竟吧！

這艘潛水艇稱作Pasopati 410，是於1952年蘇聯（Soviet Union）製造的威士忌級（Whiskey Class）潛水艇，全長76.7公尺，寬6.3公尺，總重1,340公噸，淨重1,048公噸，平均潛深170公尺，最深250公尺，是印尼政府於1962年12月15日向蘇聯購入，主要用於進行防禦、監控及無聲雷達作戰，參與過最著名的行動是1961年的「特里克拉行動」（Operasi Trikora）。

要參觀潛水艇博物館首先需要購票，購票處在入口左側，不分本國人或外國人，票價Rp.15,000，購票後即可進入園區。園區有兩個部分，其一為視聽簡介，另外則是潛水艇本體。視聽簡介為印尼語影片介紹，每整點會介紹一次，而潛水艇參觀可由艦艇前方爬樓梯進入。

潛水艇博物館大門。

艦艏魚雷艙。

通訊設備。

潛水艇分為艦艏魚雷艙、船員宿舍、通訊中心、船員食堂、柴油發動機、電力推進馬達室以及艦尾魚雷艙等7個部分。首先來到的艦艏魚雷艙內總共有4組發射器，左二右二，魚雷艙的空間足以讓一個成人躺進去，魚雷管還能打開關閉，真的保存得非常良好。

船員宿舍總共有6組單人床鋪，想體驗艦艇單人床的話可以試躺，在單人床鋪上也擺放了潛艦船員的照片，看得出非常有歷史與故事。

接著來到通訊中心，這裡的陳設機關重重，像極了藏寶圖，從潛望

鏡、監聽系統、深度表、電力顯示、雷達螢幕等設備，像極了電影《獵殺紅色十月》的畫面。潛艦裡的高度有限，在移動時要小心頭頂，一不小心就會被金屬物品撞到。

最後參觀的是艦尾魚雷艙，這裡還保留了當時的艦尾兩管魚雷發射組，其中右邊那枚魚雷還裝有推進器，雖然經過了50年歷史，推進器的扇葉仍舊鋒利，接觸時要小心些。

雄偉的Pasopati 410就停在泗水市中心，供人們景仰與感念。

12

哥布朗傳統市場（Pasar Keputran）

哥布朗傳統市場（Pasar Keputran）

- 🏠 Jalan Keputran, Tegalsari, Kota SBY, Jawa Timur 60265 Indonesia
- 🚗 優步或藍鳥計程車
- 💲 免費
- 🕐 14:00-16:30
- 📷 1小時

哥布朗市場是泗水市區蔬果最新鮮的傳統市場，每天清晨泗水周邊的鄉鎮或山區居民，如布羅莫區域，

會將當日採收的新鮮蔬果走陸路送來在此販售，考量長途的運送時間，市場每天下午2點後才開始營業。如果想吃最新鮮的蔬果一定要來這裡採購。

市場占地廣闊，攤販會席地而坐，將自己新鮮的蔬菜擺放於地，販賣方式大部分都是秤斤論兩，而且老闆用的還是傳統的上皿天平唷！沒有看錯，這裡還保有使用天秤的傳統。

哥布朗傳統市場成堆的紅辣椒。

市場旁小販。

秤量時基本上都以公斤為單位，老闆對外國人喊價時可能會稍貴一些，但仍比超市便宜許多！

儘管市場內的果葉遍地，觀感上沒有超市來的乾淨衛生，但由裡到外滿地的蔬菜水果讓人目不暇給，數大便是美，令人印象深刻。

13

華人市場（Pasar Citraland）

華人市場（Pasar Citraland）

🏠 Jl. Taman Puspa Raya, Sambikerep, Kota SBY, Jawa Timur 60219 Indonesia

🚗 優步或藍鳥計程車

💲 免門票

🕓 05:00-14:00

📷 1小時

提到華人市場就必須先認識華人在印尼的淵源。在歷史上印尼發生過許多次的排華事件，最早可追溯至1740年10月9日荷蘭殖民時期的「紅溪慘案」，當時曾有近萬名華人在雅加達遭屠殺。1942年二次世界大戰期間日本入侵印尼，擊潰了荷蘭人和同盟軍。1942年至1945年間，印尼的華人工商界以及學術界有2,000多人遭到集體捕殺。而在印尼宣布獨立後的蘇卡諾時期（1945-1967年），也發生過印尼軍隊為排除荷蘭殖民勢力而發起焦土政策，原本擔心的是荷蘭殖民者捲土重來，但過程中有部分暴徒趁機在萬隆南區燒毀華人房屋、虐殺華人；包含其他地區所發生的「文登慘案」、

華人市場。

蔬果區。

用餐區。

點餐區。

「泗水慘案」、「山口洋慘案」、「巴眼亞比慘案」、「巨港慘案」，都是一連串從西爪哇蔓延到東爪哇的排華事件。

蘇哈托擔任總統期間（1967-1998年），各地零星的排華事件仍持續發生，其中規模最大的就是1998年的「黑色五月事件」。因為在1997年發生了亞洲金融風暴，迅速波及印尼，使得印尼國內貧富差距越差愈大，而當地華人雖是少數，卻掌握相對多數的經濟資源，在有心人士刻意操弄族群對立以及宗教信仰對立的情況下，

牽連了不少無辜華裔家庭。5月暴動總計造成5,000多家華人建築遭燒毀，近1,200名華人遭到屠殺。臺灣於5月16日派遣軍隊至峇里島周圍準備進行武力撤僑，C130運輸機也在國內隨時待命起飛；中國則以不干涉他國內政為原則，在新聞中表示關注，但要求航空公司多派3架航班撤走當時登記在冊的中國公民；新加坡則在5月15日改用大型客機協助撤離2,900名新加坡人。多次的事件讓印尼在華人世界的觀感迅速惡化，也導致印尼國內族裔間的對立情緒。

了解這些華人在印尼社會的發展過程後，接著深入探討泗水地區的人口組成，泗水總人口有400萬人，而華人占100萬人，華人比例是印尼最高。泗水華人過去以經商居多，許多華人居住在新加坡區，因此華人市場和泗水臺灣學校都設置在此區域。華人市場是印尼少數能用中文買賣的地方，裡面有部分商店可以用中文或閩南語和老闆溝通，這是在其他印尼市場較少見的，也因為有不少華人聚集在此，這裡成為我最常光顧的小市場。

市場的營業時間從早上5點半到中午12點，中午過後有小攤販零星營業，傍晚後只剩下一些服務員在整理環境。這個華人市場分為兩大區塊，北邊是美食區，南邊是傳統市場（販賣魚、肉、水果、蔬菜等），如果不會說印尼語，可以用中文到各店家詢問一下，絕對可以找到能用中文溝通的老闆。

我最常光顧的是一間專賣炒飯、炒麵及炒粄條小攤販，一份炒飯或炒麵都是Rp.30,000，雖然價格比其他店家高了點，但是分量滿充足的，可當一份早午餐。另外還會點一杯現榨白甘蔗汁，Rp.6,000，這就是我假日早上沒安排活動時，最慵懶簡單的早餐。

14

滿者伯夷飯店（Majapahit Hotel）

滿者伯夷飯店（Majapahit Hotel）
- Jl. Tunjungan 65, Kec Genteng, 60275 Indonesia
- +62-31-5454333
- 優步或藍鳥計程車
- 免門票
- Check-In 14:00、Check-Out 12:00
- https://hotel-majapahit.com/the-history/

滿者伯夷飯店位在泗水市中心，是許多旅遊網站上頗具知名度的飯店，也是泗水城中歷史最悠久的高級飯店。此飯店成立於 1910 年，距今超過 100 年歷史，當時是由老闆 Lucas Martin Sarkies 委託 Regent Alfred John Bidwell 設計師設計，並於隔年 1911 年開始營運。多年來有許多名人貴族入住紀錄，如比利時王儲、瑞典公主等都曾在此參加皇家派對。

二次世界大戰日本占領印尼期間（1942-1945年），此飯店改名為大

滿者伯夷飯店大門。

和酒店。1945年9月19日，一名印尼青年在此撕毀酒店上的荷蘭國旗，將原本三色並列（紅白藍）的荷蘭國旗撕去藍色部分，用所剩下的紅色代表勇氣、白色代表純潔，也是現今印尼國旗的由來；此次事件就是印尼歷史上著名的「大和事變」。在此事變之後，大和酒店又被當地民眾稱為獨立酒店（Hotel Merdeka）。

入住這別具歷史意義的酒店，是到泗水旅遊的遊客回顧百年印尼歷史最好的地方。辦理入住時會提供迎賓茶飲，在炎熱的夏天喝來非常消暑。

房間內陳設古色古香，營造出歷史懷舊氛圍，水龍頭是鍍金的，看起來金碧輝煌。由於這是棟古老歷史建築，只有兩層樓高，從大門看起來占地不大，但實際上內部很深，客房數也不少。

除了古色古香的裝潢，飯店內也不乏現代設施，如健身房、游泳池，晚上會有不定時的藝文表演。當天入住時櫃檯告訴我今晚將有一場2小時的民俗表演，到時會關閉大部分的電燈，只留幾盞緊急照明。晚上7:30一到，有許多房客聚集在大廳，表演者

迎賓茶水。

滿者伯夷飯店房間內部。

飯店莊園。

左圖：荷蘭國旗。右圖：印尼國旗。

滿者伯夷飯店大廳表演。

全身白服、手持蠟燭，看起來還真有點嚇人。

　　隔天早上在一樓大廳左側餐廳用早餐，自助式餐點選擇頗多，但要注意用餐時間可別睡過頭。滿者伯夷飯店被評為五星飯店，每晚 Rp.1,000,000，相當划算，下次到泗水若不知該選擇哪間飯店，就從這家選起吧！

15

科班朗多瀑布（Coban Rondo）

科班朗多瀑布（Coban Rondo）

🏠 Jl. Coban Rondo, Pandesari, Pujon, Malang, Jawa Timur 65391 Indonesia
📞 +62-341-5025147
🚗 計程車或包車
💲 Rp.25,000 / 人
🕐 07:00-18:00

科班朗多瀑布（Coban Rondo）

科班朗多瀑布位在哥打峇都（Kota Batu），也就是我們稱的峇都市，離泗水約 3 小時車程處。這個城市在印尼文的意思是岩石之城，馬來文的原意是巨石陵墓。這裡的海拔約 836 公尺，由於距離印尼第二大城只有 100 公里，便成為東爪哇著名的避暑勝地。高低起伏的地形造就了這邊特殊的自然景觀與觀光活動，如瀑布、降落傘體驗、動物園、博物館等，加上此地位處偏鄉、氣候條件良好，孕育出許多物美價廉的蔬果食材，讓人沒事就想來這走一遭。

我們早上6點從泗水出發，9點抵達峇都市，車子在彎彎曲曲的山路中奔馳了20分鐘，終於抵達Coban Rondo的大門。在購票時，司機示意我們不要出聲，一切讓他來溝通即可，在印尼若能買到當地人的票價那真是非常划算，因為外國遊客的票價跟當地人票價至少差了5倍呀！最後買到一人Rp.25,000的門票。

進了大門往山上開了10分鐘，經過露營區後，一座大停車場出現在眼

漆彈區。

低空繩索。

前，停車場兩旁都是小攤販，賣著許多零食點心與紀念品。一路再往上走，同行夥伴表示印尼的瀑布景區與入口都很近，不用太擔心，果不其然我們才走了大約10分鐘，一涓瀑布由上直奔而下，彷彿一縷白絹自上方灑落，下方的遊客忍不住一一跳入水潭中沖個痛快。

園區內除了這座著名的瀑布外，還有樹叢垂降、漆彈射擊、樹叢迷宮及露營區，若時間允許也可多方嘗試。

16

峇都珍奇動物園（Batu Secret Zoo）

峇都珍奇動物園（Batu Secret Zoo）

🏠 Jl. Oro-Oro Ombo No.9, Temas, Kec. Batu, Kota Batu, Jawa Timur 65315 Indonesia

📞 +62-341-597777

🚌 計程車或包車。

💲 動物園＋動物博物館套票假日Rp.105,000、平日Rp.75,000
動物園＋博物館＋綠色公園假日Rp.125,000、平日Rp.105,000

🕐 平日08:30-16:30

🌐 https://jtp.id/batusecretzoo/

珍奇動物園是泗水較著名的動物園，最大的特色是有遊園車導覽野生動物區的活動，可以和溫馴的動物做近距離的接觸，和旁邊的 Eco Zoo 主打鳥禽動物有明顯的市場區隔。只看簡介可能對大朋友來說不是這麼地吸引人，但動物園內的野生動物區讓我留下極深刻的印象。

珍奇動物園。

購票處。

門票配戴方式。

野生動物遊園車。

大猩猩地標。

靈長類。

　　動物園門票設計還滿特別，是一張印有QR Code的長條紙帶，刷條碼入場後會繞成一圈環在手腕上。

　　沿途經過靈長類動物區、爬蟲類區、水族館及遊樂馬戲團，其中室內爬蟲類區中的科摩多龍讓我最感興趣，全世界有3,000多種不同品種的蜥蜴，「科摩多龍」是世界上最大型、數量最少的蜥蜴，目前全世界約有6,000多隻。科摩多龍主要分布於印度尼西亞島嶼東南部，體長約3公尺，重約68公斤，腳上有尖銳的利爪幫助牠們撕裂獵物的肉，還有粗大的尾鞭可橫掃敵人，粗厚的硬皮連眼鏡蛇都咬不了牠，加上具有毒性的唾液，還有極強的生存能力，是幾乎沒有天敵的蜥蜴。科摩多龍平均一次產卵約20粒，孵卵期7個月，5年成熟，出生後約有30年壽命。即便有如此強的生存能力，卻因食物不足加上生存環境變遷，目前屬於瀕臨絕種的珍貴動物，還有傳言牠是侏儸紀至今唯一留下的恐龍後代，是一種活化石。

　　說時遲那時快，天空擾來一片漆黑，嘩啦嘩啦下起了滂沱大雨，這雨勢宛如臺灣的午後雷陣雨，下得震天價響。不過雨勢來得快去得也快，10分鐘後雨勢間歇，我們撐起小傘往遊

餵食羊駝。

餵食野生動物。

美洲野牛。

遊園簡介。

園車方向前進。兩台遊園車停在站牌前，因為下雨的關係暫不開放，在現場排隊等了約莫30分鐘，服務員終於放人上車，在上車處還有販售紅蘿蔔（一份Rp.10,000）當作等下餵食野生動物的糧食。

　　待眾人入座完畢，引擎啟動的瞬間，那聲音真像農田間犁田機的運轉聲。打開大門後第一個行經的區域是老虎獅子區，此時我突然意識到這遊園車是開放的，真令人有些緊張。通過第二道閘門，6隻鹿便朝我們迎來，司機也很敬業地將車停下，讓剛才有買紅蘿蔔的旅客在此拿出來餵食。柵欄不高，長頸鹿不僅伸長了脖子，還能向車內吐舌頭呢。陸續經過幾個園區，印象最深刻的莫過於飢腸轆轆的羊駝，柵門一開，一群羊駝像看到了美味的佳餚，滴著口水向衝來，震撼的畫面現在想起來還心有餘悸。其中最強壯的動物莫過於最後遇見的氂牛，好像只要牠用那強壯的身軀衝撞

海洋動物劇場Willy和Laro。　白虎。　　珍奇博物館。

車子，我們就會被撞倒的感覺。這趟野生動物的餵食之旅歷時約半小時，滿車左閃右躲的旅客也終於可以放心地下車了。

洗過手後我在前方不遠的動物劇場稍作停留，這裡是海豹Willy和Laro的主場，輕快的音樂加上與訓獸師極佳的默契，牠們一一完成了許多不可思議的動作，其中較年輕的Willy很活潑，Laro年紀較大胃口也較大，每表演完一個動作Laro一定要吃5-7隻魚才會滿足。這半小時的表演，牠們從拍手、親吻、灌籃、跳呼拉圈等花招百出，也贏得現場觀眾的滿堂彩。

看完SHOW繼續向前行，沿途遇到長頸鹿、大嘴鳥，也搭了遊湖船繞水池生態一圈。接著走到這裡最著名的白老虎區，而且很幸運地看到餵食過程。我約莫在下午4點時走出了動物園出口。

差點忘自己還有博物館沒看！好險博物館就在動物園出口的右方，遠遠就能看到那用兩隻手也無法環抱的柱子，展現出博物館的氣魄。這博物館內都是動物標本或是骨骸標本，有一說法是在前方動物園死掉的動物，就送到這間博物館製作成標本。這些標本栩栩如生，按下快門的瞬間真有種牠們還活在這個世界上的錯覺呢。

在5點半結束了動物園及博物館參觀之旅，和司機連絡後，表示想在這邊用完餐再回泗水市區，原因是這邊物價便宜、山中的蔬果新鮮，而且返回泗水的路上容易塞車，為了避免肚子在路上咕嚕咕嚕叫，所以就決定在峇都市用餐。

司機熟門熟路地帶我們到BOK SRI餐廳，依照這裡叫車的潛規則，須提供一餐的費用給司機。這時若邀請司機一起用餐除了可免去不知道該給多少餐費的窘境，還能請司機協助點餐！不愧是當地人，點了一整桌好吃

博物館犀牛標本。

博物館羚羊標本。

博物館科摩多龍標本。

博物館獅子獵捕斑馬標本。

BOK SRI餐廳菜單。

又地道的印尼料理。印尼菜的特色是酸辣甜跟泰國相似，最大的不同是主食常為炒飯，搭配其他酸甜的料理及佐料，真讓人食指大動！返回泗水已經晚上九點，心滿意足地結束動物園參訪的一天。

死亡之城——托拉查

（Toraja）

Toraja map

Indonesia Map

長途巴士路線圖

4 天 3 夜建議行程規劃

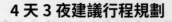

D0 望加錫 → 托拉查
（夜間去程）

D1 凱特克
蘇村 → 隆達
石窟 → 托拉查地區的
葬禮（葬禮的
第 5 天） → 堤拉桿
池塘 → 雷莫
墓地

D2 峇都圖
夢嘉
日出 → 水牛獻祭儀
式（葬禮的
第 6 天） → 波盧
傳統市場 → 嬰兒樹與
老石窟

D3 托拉查 → 帕洛波 → 望加錫
（白天回程）

凱特克蘇村。

1

歷史介紹

托拉查（Toraja）是一個位在南蘇拉威西省北方的小區域，也是整個蘇拉威西島上唯一以信奉基督教為主的地區。

托拉查人口約110萬人，近一半的人口居住在塔納托拉查（Tana Toraja）地區。此地最著名的就是他們的喪葬文化，既結合基督信仰，也保有該地區的傳統儀式及下葬方式，形成當地獨有的特色，甚至吸引外國遊客慕名參觀。而當地人能保有基督信仰及特殊的葬禮文化，要歸因於四面環山，遠離市區的特殊地理位置。

在20世紀以前，當地人相信萬物皆有靈魂，屬泛靈信仰。20世紀初荷蘭傳教士深入此地，致力於向當地人傳播基督教，並將西方思想帶入本區，協助當地人廢除了奴隸制度，也開始徵收地方稅。

早期荷蘭傳教士倡導的改革遭到

當地人強烈反對，特別是托拉查社會中的菁英份子。主要是因為荷蘭人鼓勵廢除奴隸制度，使得當地菁英無利可圖。荷蘭人為了方便管理，部分托拉查人甚至被要求遷移到地勢較低處，目的是平原地區已多數受到東印度公司的管理和影響，原本封閉的社會秩序已遭受新文化刺激和破壞。

20世紀初期只有10%的托拉查人信仰基督教，直到1930年，居住在低地的穆斯林開始襲擊托拉查人，迫使托拉查人尋求荷蘭人的保護，因而開始廣泛接受基督教。印尼獨立之後的1951-1965年間，蘇拉威西島南部政局動盪，由伊斯蘭武裝部隊（Darul Islam）發起歷時15年的游擊戰，使得更多托拉查人轉而信仰基督教，於是托拉查成為現今印尼少數以基督教為主的地區。

② 機場交通與長途巴士

托拉查機場（龐蒂庫機場；Bandar Udara Pongtiku）是國內的小機場，在印尼只有從望加錫機場出發才有飛機直飛到此，若要從望加錫（Makassar）出發到達托拉查有 4 種方法。

1. 巴士：可以選擇晚上9點發車的夜間巴士（Night Bus），或是早上8點出發的長途巴士。優點是最省錢，缺點是車程約8-9小時。

2. 包私家車：目前詢問到的行情，一趟要價Rp1,300,000-Rp1,500,000。優點是出發時間有彈性，缺點是價格高，車程也需要花約8-9小時。

3. 飛翼航空（Wings Air）直飛：2016年12月後，可選擇搭乘20人座的雙槳飛機，從望加錫國際機場直飛托拉查，每週二、五有共2班飛機，早上7點從望加錫起飛，回程則是下午1點從托拉查起飛。票價Rp.300,000-Rp.400,000。但後來聽在托拉查接待我們的民宿老闆Alex說，在那之後已經調漲成Rp.700,000，所以實際票價還是要當下詢問才能知道。優點是航程只要約55分鐘，缺點是不便宜。

4. 飛機＋私家車：若方法3的班機時間無法配合，也可搭飛機至鄰近的帕洛波機場（布阿機場；Bandara Udara Bua）。每天有一班飛機來

Primadona 起站地址：

Ruko Bukit Khatulistiwa, Jalan Perintis Kemerdekaan KM.13 Blok B No.8, Paccerakkang, Biring Kanaya, Paccerakkang, Biring Kanaya, Kota Makassar, Sulawesi Selatan 90241

http://www.primadonabus.com/

望加錫機場叫車系統。

回，票價約Rp.400,000，只是從帕洛波到托拉查還需要3個小時的車程。此方法優點是價格可以接受，缺點是只能配合飛往帕洛波的班機時間。

另外，望加錫機場有Ibis過境旅館，若有需要，一個房間每晚Rp.420,000，一個房間有3個床位。

由於我們當天是從泗水出發，又為了體驗各種不同交通工具，在此簡單整理交通方式。

1. 去程：從泗水搭飛機至望加錫機場 → 搭計程車至望加錫客運站Primadona起站 → 搭夜間巴士至托拉查。
2. 回程：從托拉查搭私家車至帕洛波機場 → 搭機返回望加錫。

一抵達望加錫國際機場就感受到與泗水機場不同的氛圍。望加錫國際機場又稱蘇丹哈桑丁國際機場（Bandar Udara International Sultan Hassanuddin），除了外觀較新且時

尚外，招攬計程車的方式更是令人放心。領完行李後在入境出口會看到3台計程車多媒體機台，可以在此點選希望搭乘的計程車，然後持票離開入境出口，右轉下地下一樓，現場就會有負責該計程車行的服務員協助叫車。

在望加錫最好的計程車仍然是藍鳥計程車，但藍鳥並未在機場設接駁點，因此沒有離開機場的服務。第二值得推薦的是BSW計程車，車身有藍

Primadona總站。

紅藍條紋，曾經搭過兩次，兩次跳表都很正常，進入機場的入場費也是由乘客負責，計算相對透明，可以作為離開機場的轉乘計程車選擇。

上了計程車跟司機說要去的地點，如果不知道目的地怎麼說，可以先用Google Maps把地點找出來，方便與司機溝通。一般要搭長途巴士的旅客大部分會前往大雅轉運站（Terminal Daya），這裡是許多長途巴士的轉運站，在這邊也可以找到前往托拉查的長途巴士；但為了降低搭錯車的機率，選擇直接前往Primadona起站搭乘長途巴士，位置在大雅轉運站附近1.5公里處，從機場前往車程約半小時，計程車跳表約Rp.70,000，若是叫黑車價格是Rp.150,000，建議跳表前往比較便宜。

Primadona長途巴士有架設網站，可以在網站上查詢時間與車次並且訂票付款，但可接受付款的銀行僅限2家（Mandiri Bank和Bank BRI），此付款方式適合在印尼長期工作的朋友。若是觀光客或無上述銀行帳戶，建議到現場付款取票。

每天都有5班夜間巴士前往托拉查，票價從Rp.180,000-500,000都有，票價的不同是根據不同座位而定，同一班車可能會有3種不同艙等的位置，類似飛機艙等的規劃，但都是同一台車。建議買Rp.250,000左右的座位，等級就接近臺灣的和欣客運，移動式躺椅、個人視聽設備、USB插座、電源插座等，空調當然少不了，還會冷到需要提供毯子呢。而最貴的Rp.500,000，除了上述設備外還多了足療、耳機，座位空間又再大些，但如果用Rp.500,000這個價格搭巴士，也許搭飛機會較划算。

晚上8點半在起站搭上巴士，我的座位在巴士上層，巴士的下層可以放置貨物或機車。巴士於9點發車，10分鐘後抵達大雅轉運站，多數乘客會在此上車，途中也會經過幾個小站，只要在訂票時事先註明好，沿途都可上車。

等所有乘客皆上車後，巴士又停

望加錫往托拉查班次

班次Makassar－Toraja	出發時間	艙等價格（Rp）
Mercy 1626OH	21：00	Business Class（195,000）
Mercy 1526OH	21：00	Premium Economy（175,000）
Mercy 1836OH	21：00	Execitive Class（225,000）
SCANIA 360OC	21：00	Execitive Class（225,000） Sleeper Class（305,000）
SCANIA 360IB	21：00	Execitive Class S（215,000） La Premiere G（365,000） La Premiere S（265,000）
Double Decker	21:00	Dream Seat（365,000） Eksekutif DD（255,000）

托拉查往望加錫班次

班次Toraja－Makassar	出發時間	艙等價格（Rp）
Mercy 1526OH	20：00	Premium Economy（175,000）
Mercy 1836OH	20：15	Execitive Class（205,000）
Mercy 1626OH	20：00	Business Class（195,000）
SCANIA 360OC	20：00	Execitive Class（225,000） Sleeper Class（305,000）
SCANIA 360IB	20：00	Execitive Class S（215,000） La Premiere G（360,000） La Premiere S（265,000）
Double Decker	20:00	Dream Seat（370,000） Eksekutif DD（255,000）

望加錫往帕洛波班次

班次Makassar－Palopo	出發時間	艙等價格（Rp）
Mercy 1526 OHP	21：00	Business Class P（170,000） Sleeper Class P（230,000）

帕洛波往望加錫班次

班次Palopo－Makassar	出發時間	艙等價格（Rp）
Mercy 1526 OHP	20：30	Business Class P（170,000） Sleeper Class P（230,000）

在路邊領取餐盒及水，車上的每位乘客都可以得到1個餐盒和1瓶礦泉水，服務滿不錯的。巴士一路搖搖晃晃，沿途有2個休息站可以上廁所，而接近中部的托拉查，下車地點主要有2個大站可以選擇，一個是南托拉查（South Toraja），另一個是北托拉查（North Toraja），但在當地不稱北托拉查，而會用蘭德包（Rantepao）稱北托拉查。除了2個大站可以下車，只要先跟司機說一聲，沿途也都可以臨時下車。抵達蘭德包已接近早上6點，也完成了印尼長途巴士初體驗。

3

Alex 的東閣南民宿（Tongkonan Homestay Museum Ne Gandeng）

Alex 的東閣南民宿（Tongkonan Homestay Museum Ne Gandeng）

🏠 Tagari, Balusu, Kabupaten Toraja Utara, Sulawesi Selatan 91853 Indonesia
📞 +62-852-9866-2961
🚗 包車
💲 Rp.600,000 / 晚，旅行包車一天Rp.700,000 / 車
🕐 24小時

在蘭德包（北托拉查），最引人注意的建築莫過於「東閣南」（Tongkanan；船型家屋），這種建築是托拉查人居住的傳統船型家屋，一般會先用木頭墊高整棟建築，2樓或3樓用木板隔成室內空間，現在一座東閣南的價格約莫要 Rp.100,000,000。

來到此地建議體驗住東閣南船型家屋，推薦大家尋找Homestay。當地有許多民宿業者提供類似的服務，

我個人推薦「Tongkonan Homestay Museum Ne Gandeng」，也是我這趟托拉查之行下榻的民宿。這間民宿隱沒在山中小徑，門口就是Ne Gandeng博物館，若想要遠離塵囂，放慢腳步，這地方會是一個很棒的選擇。抵達蘭德包時，民宿老闆Alex會派車到下車處接送，這種包車服務在深山林野是最方便的。另外，在當地要找到懂英文的民宿老闆不容易，但Alex具有英文溝通的能力，如果要與Alex聯絡，可以用上面的電話號碼搜尋Line或是WhatsApp。

一般來說，在東閣南的二樓有一個房間，空間很大，要住6個人不是問題，民宿提供浴廁間（冷水）、棉

Tongkonan Homestay（東閣南民宿）。

建造中的東閣南。

民宿老闆Alex。

被、床、Wi-Fi、水，基本需求都有。但印尼人習慣用冷水洗澡，若不習慣洗冷水澡的朋友可能要注意別太晚洗

澡。由於蘭德包海拔較高，日夜溫差大，白天可到30度，晚上只有16-20度，所以要注意夜間保暖。

4

凱特克蘇村（Kete Kesu）

凱特克蘇村（Kete Kesu）

- Pantanakan Lolo, Kesu, North Toraja Regency, South Sulawesi 91834 Indonesia
- +62-895-3454-96564
- 包車前往
- 外國人門票Rp.20,000；居留證門票Rp.10,000
- 08:00-18:00
- 2小時

名叫「Kete Kesu」的村莊位在蘭德包的東南方，該村莊最大的特色就是保存著500年前的石葬遺跡——懸棺，以及300年前所蓋的船形屋與糧倉，是近年來托拉查地區的熱門景點之一，常出現在觀光客的旅遊清單

上。

一到凱特克蘇村，需先在入口處購票，如果你是領有印尼居留證（KITAS）的外國人，只要出示證件，就能以半價Rp.10,000購票。因為管理員只要看到外國面孔，都會直接售以外國人票價，所以若不主動出示證件，就需要以Rp.20,000購票。

買完票後走進村莊，迎面而來的是左右兩旁的船形屋，主要用於居住以及儲糧。為什麼此處房子造型這麼特別？那是因為當地人民相信祖先自

懸棺入口。

懸棺區。

東閣南前方的木柱（puya）。

人像木偶Tau-Tau。

南中國海飄洋而來，為了紀念過去坐船而來的祖先，便將房子都蓋成這種形狀，印尼語稱之為「東閣南」。各戶門口都有一根很粗的木柱，當地人稱為「puya」，這柱子上有許多水牛的牛角，牛角越多象徵這個家族越有錢。而這些牛角是參加喪禮時得到的，若親戚舉行喪禮，托拉查人民會以家族為單位參加，每個家族都會貢獻豬、水牛當作祭品，而水牛會在喪禮結束前一天被宰殺，宰殺後會將水牛剝皮，將肉分食給眾人。至於該水牛的牛角則會放在東閣南門口的puya柱子上，柱子上的水牛角越多，代表這個家族歷史悠久、參加的喪禮也多，所貢獻的水牛亦多，這也是一種歷史與家族勢力的象徵。

再往村莊後方走，會先通過一條商品街，即可到著名的當地墓葬群。在這地區有聲望有權勢的百姓過世後，會在大石頭上做所謂的「懸棺」。什麼是「懸棺」？當地人會將棺木鑲進石縫中，即稱為「懸棺」。這些棺木有的已有500年歷史了，部分「懸棺」禁不起長期的風吹日曬雨淋，導致木頭裂開造成裡面的遺骸裸露，所以要來參觀這裡，還得先做好心理準備，不然晚上可能會睡不著覺。

這裡過去曾受到荷蘭殖民影響，

因此多數人信仰基督教，可在此看到十字架遺跡，但又保有當地喪葬的特色，形成特殊的托拉查文化。

---

⑤ 隆達石窟（Goa Londa）

隆達石窟（Goa Londa）

🏠 Lembang Sangbua, Kesu, Tadongkon, Kesu, Kabupaten Toraja Utara, Sulawesi Selatan 91852 Indonesia

🚗 包車前往

💲 外國人門票Rp.20,000；居留證門票Rp.10,000

🕐 08:00-18:00

📷 1小時

隆達石窟（Goa Londa）位在海拔826公尺高的高地，最大特色就是擺放在天然洞穴中的棺木，和凱特克蘇村莊的懸棺不太一樣。到了目的地下車後，先在門口購票。由於洞穴內的光線不足，遊客可以選擇自備手電筒，也可以選擇由當地人提供收費的提燈服務。購票完就會有當地人上前詢問是否需要提燈，建議這時就先詢問價格，價位約每人 Rp.10,000，若沒先問清楚，參觀結束收費時可能變成冤大頭。

隆達石窟的印尼語「Goa Londa」意指「Londa山洞」。放眼望去，山壁上有兩個山洞，山洞間可互通，總長約1,000公尺。從山洞外可以看到木製真人比例的人偶，當地人稱這人偶為「Tau-Tau」。Tau-Tau是根據死者生前樣貌雕刻，目的是讓晚輩緬懷，而這些具悠久歷史的人偶也是許多收藏家的珍藏目標，因此想參觀要趁早。棺材若放得越高，代表亡者在世時地位越高，且當地百姓認為亡者可為後世帶來更多財富，所以將他們埋在越高處，越可庇護後世大富大貴。

進入山洞前，沿途都可看到骨頭，這些骨頭都是埋葬在此的棺材因毀損而遺留在地上的，行走時需要多加注意，千萬別踩到了。進入洞穴後也要注意頭頂上方的石柱以及下方的

隆達石窟（Goa Londa）。

隆達石窟入口。

石窟內棺木群與遺骸。

石地，下雨過後更要特別注意地面濕滑。這次我們除了看到極具歷史的百年棺木外，還看到去年剛放進來的新棺木，十分幸運。

6

托拉查地區的葬禮（Funeral）

葬禮（Funeral）
- 事先調查，一般在大廣場
- 無
- 包車前往
- 門票為香菸或是咖啡
- 08:00-15:00
- 2小時

在臺灣大家對葬禮敬而遠之，但托拉查反而將葬禮辦得像派對一樣熱鬧，甚至還有許多外國人為了參加此地的葬禮，特地坐飛機或夜間巴士遠道而來；也有人花費 Rp.300,000，就為了參加一場葬禮呢！

當地舉行葬禮一般持續7天，我們參加了同一場葬禮的第5天和第6天，為什麼同場葬禮要看兩次？因為在當地葬禮準備通常耗時1、2年，且這7天內的儀式不盡相同。葬禮準備期這麼長的主因是為了要存錢，存錢在空地上架棚子，舉辦約一個星期的派對，因此當地居民若往生，則需安置在家

葬禮門口攤販。

親戚遠道而來。

往生者棺木。

家屬攜帶供品入場。

家族盛裝進場。

裡1、2年，直到葬禮準備完全才可下葬。當地民眾認為雖然往生者已無呼吸心跳，但他仍活在這裡，所以還是要準備三餐等生活起居。

參加葬禮時需披上黑色的紗龍表示尊重，一件黑色紗龍從Rp.50,000到Rp.200,000都有，由於使用次數不多，因此準備了一條Rp.70,000的紗龍。

參加一場葬禮需要門票嗎？其實不需要實質現金，準備個香菸（Rp.20,000）就可以當入場券了。舉辦葬禮時，主辦家族會準備午餐或點心供親戚使用，外人若想來一餐葬禮點心，則需要加入來參與葬禮的某個家族，而事先準備好的香菸或咖啡等小禮物即作為回禮，感謝此家族願意讓我們臨時加入。

這場葬禮主角是一位老奶奶跟一位中年婦女，她們是母女，村民表示準備老奶奶葬禮的過程中，女兒不幸也離世了，所以兩位的葬禮合辦在一起。

一進治喪家大門，右手邊是主要會場，在會場的正中央有個船形屋造型的高台，高台上放著2座棺木，分別放著媽媽和女兒的遺體。會場周圍架著棚子，每個棚子是一個家庭的位置，每個家庭來訪時都會帶著供品，

較簡樸的供品是豬，有權勢的家族則會準備水牛，從供品數量以及物種可以判斷出該家族的勢力與財力。這些作為供品的家畜，會在葬禮第6天宰殺，並分送給各家族以及當地居民。

　　每個家族來訪時通常是開著小貨車一車一車地進來，車上除了載著親戚，還載有供品，供品若為水牛會由人帶領進場，豬則用竹子架起、四人抬進場。現場司儀會以富有情感的聲音介紹每個到來的家族，他們跟治喪家族打過招呼後會被引領至所屬的小帳棚內。

　　眼看時間接近中午，民宿老闆Alex便帶著我們到一個帳棚內仍有空位的家族前，老闆詢問是否可以在這個帳篷內觀看葬禮，親切的女主人說沒有問題、歡迎，便主動將帶來的香菸送給她表示謝意。在棚子內坐下來，便有人端來咖啡以及當地點心拼盤，Alex一樣一樣地介紹，其中有一項用米做成的暗紅色蛋糕滿好吃的，但不知是氣氛的影響還是天氣炎熱的緣故，吃了兩片就飽了。由於葬禮的第5天主要是為了第6天的儀式作準備，接下來沒有其他活動，所以用過餐後我們向主人道謝，便前往今天的下一個景點「堤拉桿」（Tilanga）。

　　若想直接跳至第6天的儀式內容，請見P.147〈水牛獻祭儀式〉（托拉查之旅的第二天行程）。

7

堤拉桿（Tilanga）池塘

這個景點較少遊客知曉，位在距離蘭德包市中心南方約 8 公里處，是一個極具自然風光的池塘，天然乾淨的池塘內有許多當地小朋友在嬉戲。此處的特色除了山泉水外，還有一種特殊的生物，民宿老闆 Alex 用「長得像蛇」來形容，但它其實是鰻

堤拉桿（Tilanga）池塘
- Unnamed Rd, Sarira, Makale Utara, Kabupaten Tana Toraja, Sulawesi Selatan 91852 Indonesia
- 包車前往
- 門票Rp.15,000、雞蛋飼料Rp.5,000
- 08:00-17:00
- 1小時

魚（Anguilliformes）的一種，印尼人稱之為「Ikan sidat」，當地居民則叫它「Masapi」。

　　下了車就是售票亭，出示居留證並填寫資料後可以打折。此時一群小朋友圍上來，東問問西看看，民宿老闆Alex說他們在問要不要跟他們買蛋、看餵魚秀，一顆蛋Rp.5,000。我指定了一位小朋友給他Rp.10,000，他便興沖沖地跑去對面便利商店買兩顆蛋，我跟在小孩們後面沿著河岸旁踏石而過。

　　來到一個石頭灣，小朋友先拿竹筷在水面上拍打出氣泡，然後將蛋敲出一個小洞，就像我們在臺灣吃火鍋時享用蛋黃沾沙茶一樣，將一點蛋黃汁滴入水中，過約2分鐘，還真的有一隻大魚出現，這種長得像蛇的魚好像很喜歡吃蛋黃，蛋黃滴到哪裡牠便游到哪裡，我看著一群小朋友相互合作，童趣十足。結束後小弟弟跟我們索取小費，但我沒給，因為民宿老闆Alex說一顆蛋其實價格Rp.2,000，他們透過買蛋已經賺了Rp.6,000，應該足夠了。

堤拉桿天然泳池。

蛋汁餵魚。

孩童表演餵魚秀。

147

8

雷莫墓地（Lemo）

雷莫墓地（Lemo）

🏠 Lemo, Makale Utara, Kabupaten Tana Toraja, Sulawesi Selatan 92119 Indonesia

🚗 包車前往

💲 外國人門票Rp.20,000；居留證門票Rp.10,000

🕐 08:00-17:00

📷 1小時

雷莫人像木偶。

墳墓前木偶。

雷莫也是托拉查地區極具特色的墓地，和早上參觀的懸棺以及隆達石窟一樣，也是在巨石上建築墓地。不一樣的地方是凱特克蘇村以懸棺為特色，隆達石窟以天然洞穴為埋葬地點，而雷莫墓地則是以人定勝天的概念，在巨石壁上一刀一斧地鑿出洞穴，再將遺體放入人造洞穴中，並在洞穴周圍鑿出凹槽，放上Tau-tau供人緬懷。每個在懸崖上的墓地都需經過幾個月的鑽鑿，才可完成。

當地約在16世紀出現此文化，一開始僅有托拉查族人中的貴族才可以此方式安葬，現今只要有足夠的財力就行。

有些洞只埋葬一個人，但大部分的洞都是以家庭為單位，甚至可以發現遺體的排列方式是根據血統或是家族關係堆疊。洞穴孔只供放置遺體，有的會將洞口用雕花的木製墓門關起，有的只用竹製墓門掩蓋，但時間久了這些墓門會損壞甚至脫落，才使得後人有機會從門外一窺究竟。

石窟附近有許多小攤販賣著各式各樣托拉查風格的商品，有兩家攤販讓人印象深刻，一家是專門做Tau-tau的木工商店，門口擺放了許多真

雷莫園區。

木偶店鋪。

人比例的木雕，起初遠看時還真以為有人坐在椅子上，走近才發現原來是人偶。如果想做一個自己的人偶也可以，但需耗時3個星期才能完成。

參觀完雷莫墓地後，我們便驅車返回民宿，結束了這一天的行程。

9

峇都圖夢嘉（Batutumonga）

峇都圖夢嘉（Batutumonga）

🏠 Jl. Simpang Batutumonga Tikal, Lempo, Sesean Suloara, Kabupaten Toraja Utara, Sulawesi Selatan 91853 Indonesia

📞 +62-813-4206-6620

🚗 包車前往

💲 用餐費用

🕕 06:00-17:00

📷 2小時

峇都圖夢嘉是一個坐落在北托拉查的一個 Sesean Suloara 山區斜坡上的城鎮，離蘭德包約 24 公里，可由高處往下俯瞰，雲海、稻田、船形屋一覽無遺。在蜿蜒的山路上行駛了約 1 小時後，於海拔約 1,352 公尺高的餐廳「Mentirotiku」享用豐盛的早餐以及欣賞壯闊的美景。

用完餐下山的沿途遇到小朋友放學，跟他們打招呼他們也會親切地回應，民宿老闆Alex說這些小朋友有的要走5公里的路上學，真的很辛苦，這就像是電影《魯冰花》的劇情，為了上學不辭辛勞吧！

雖然沒看到壯闊的雲海和破曉有

托拉查地區與梯田。

Mentirotiku餐廳。

點可惜，但在餐廳和沿途欣賞到的梯田令人印象深刻，峇都圖夢嘉不愧是一個托拉查地區的世外桃源，推薦大家有機會一定要親自走訪。

10

水牛獻祭儀式（Buffalo Sacrifice in Funeral）

水牛獻祭儀式（Buffalo Sacrifice in Funeral）
- 🏠 事先調查，一般在大廣場
- 🚗 包車前往
- 💲 門票為香菸或是咖啡
- 🕐 08:00-15:00
- 📷 2小時

下一站回到昨天的葬禮派對現場，今天是 7 天葬禮中的第 6 天，有場重要的「水牛獻祭儀式」。

在葬禮的第3天到第5天，各家族會從各地帶來水牛或是豬，並在第6天進行獻祭。為什麼只有水牛跟豬呢？因為他們相信死者死後的靈魂將在平地生活，並且繼續飼養水牛或豬。

這些水牛在葬禮上須先進行牛群之間的鬥牛大賽（Tedong Silaga），倆倆彼此用牛角互相頂撞，比較哪一隻牛較強壯，直到其中一隻逃離會場或死亡。逃離會場的水牛會被視為祭品，現場宰殺；獲勝的水牛其身價會上漲超過百萬印尼盾。而宰殺後的水牛，會根據來訪者在社區中的地位來分配，當地稱此活動為「Aluk todolo」，有供奉祖先之意。

依當地習俗，遺體在葬禮後第11天後才可埋葬，所謂的埋葬就是回到

水牛獻祭-放血。　　水牛獻祭-族人與水牛的互動。　　水牛獻祭-處理牛皮與牛肉。

他們休息的地方，埋葬不是土葬也不是火葬，大多是將遺體直接放入事先鑿好的巨石洞穴裡，即前面提到的隆達石窟或是雷莫墓地。當地人相信死者的靈魂會在村莊附近徘徊，直到葬禮完成才會到其他地方旅行。

11

波盧傳統市場（Bolu Traditional Market）

波盧傳統市場（Bolu Traditional Market）
- 🏠 Tallunglipu Matalo, Tallunglipu, Kabupaten Toraja Utara, Sulawesi Selatan 91833 Indonesia
- 📞 +62-821-9923-9040
- 🚐 包車前往
- 💲 免門票
- 🕐 08:00-18:00
- 🌐 https://pasar-bolu-rantepao.business.site/
- 📷 1小時

波盧傳統市場（Bolu）離蘭德包市場很近，但波盧傳統市場名氣壓過蘭德包市場，原因無他，只因為波盧傳統市集旁有一座很大的水牛市場，這水牛市場每週二、六開市，很多人遠道而來也是為了看水牛交易。

波盧傳統市場頗大，最外圈主要是販賣食物，內圈有服飾、五金、木雕等攤位，甚至連裁縫都有。其中最受矚目的莫過於托拉查咖啡，因為位在山腰上的托拉查，有得天獨厚的地理環境與氣候，咖啡產業也因此蓬勃發展。平時喜歡喝咖啡的旅客，不妨來此品嚐一番！

波盧傳統市場-點心區。　托拉查點心。　托拉查咖啡。

托拉查魚販。　波盧傳統市場-皮件區。　波盧傳統市場交易。

12

Warung Pong Buri 餐廳

Warung Pong Buri 餐廳

🏠 Jl. Pembangunan, Penanian, Rantepao, Kabupaten Toraja
Utara, Sulawesi Selatan 91833 Indonesia

📞 +62-821-9452-8179

🚗 開車前往

💲 餐費

🕐 08:00-16:00

　　午餐時間到了，民宿老闆Alex帶我到一家在離蘭德包市場附近名叫Warung Pong Buri的路邊小餐廳，還沒走進去就可從外面看到裡面座無虛席。民宿老闆貼心地介紹主菜如魚、

雞、牛肉、豬肉。沒錯，這裡可以吃豬肉！印尼是以穆斯林為主的國家，大部分地區是禁止吃豬肉的，但托拉查是蘇拉威西島上唯一信奉基督教多於伊斯蘭教的地區，來到此地當然要點盤豬肉來試試味道呀！這盤豬肉吃起來跟臺灣的豬肉一樣鮮嫩多汁，讓我想起了臺灣味。

13

阿拉斯咖啡（Café Aras）

阿拉斯咖啡（Café Aras）

🏠 Jl. Andi Mappanyukki No. 64, Kel. Malango, Kec. Rantepao, Malango’, Rantepao, Kabupaten Toraja Utara, Sulawesi Selatan 91833 Indonesia

📞 +62-853-4256-9641

🚗 包車前往或長途巴士站下車後走路5分鐘

💲 08:00-18:00

⏱ 2小時

　　吃完道地的托拉查菜，也要來杯道地的托拉查飲料——托拉查咖啡，民宿老闆推薦「阿拉斯咖啡」（Café Aras），這間咖啡廳就在Warung Pong Buri附近，在蘭德包算是較進步的現代化咖啡廳，裡面提供Wi-Fi以及電源插座，環境乾淨且餐點選擇多樣，離巴士站又很近，若是等巴士或從巴士站下車，這裡是一個不錯的休息據點。

阿拉斯咖啡大門。

阿拉斯招牌。

二樓用餐區。

14

嬰兒樹與老石窟（Kalimbuang Bori）

嬰兒樹與老石窟（Kalimbuang Bori）

🏠 Bori, Sesean, Kabupaten Toraja Utara, Sulawesi Selatan
91853 Indonesia

🚗 包車前往

💲 外國人門票Rp.20,000；居留證門票Rp.10,000

🕐 08:00-18:00

📷 2小時

老石窟群葬區。

老石窟背面與裸露遺骸。

石柱區。

帕洛波途中景觀咖啡廳

在咖啡廳小憩之後，我們前往「老石窟群葬區」（Kalimbuang Bori），民宿老闆的外婆家就在老石窟後方的小路上，因此沒有另外花錢購買門票，從小路向上走即可看到「嬰兒樹」（Baby Tree），沿小路向下走便往老石窟。

嬰兒樹，當地稱為「Babie graves」（嬰兒墓），就是在樹幹上挖洞，然後將剛過世、乳牙尚未長出的嬰兒埋葬在此。過去因為醫療水平不佳，許多嬰兒還沒長大就離開人世，所以在托拉查地區以嬰兒長出乳齒或尚未長出乳齒作為分界，尚未長出乳齒的嬰兒只能葬在樹上，在樹幹上挖好洞後將嬰兒遺體放入，再用樹枝蓋起來。現今因為科技及醫學的進步，嬰兒死亡的比例大幅下降，因此這種樹葬法在當地已經很少見。

看完嬰兒樹後往下走便可看到老石窟，老石窟分為石柱區（Simbuang batu）及群葬區

154

嬰兒樹。

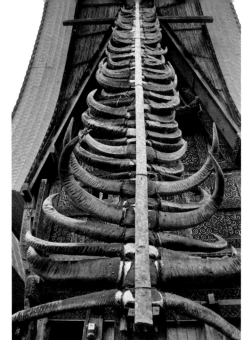

東閣南牛角柱（Puya）

（Kaburu batu）。石柱區中所立的石柱，有幾根石柱就意味著幾個人，而在當地，只有地位崇高的在地人死後才可在此立巨石柱，石柱越高代表地位越高。不過這些巨石從哪裡來呢？原是散落在托拉查地區的石頭，先請專人在原地雕刻，雕刻完後用樹幹、繩索捆妥，並動用百人人力以滾動的方式將石頭移到此處，整個過程需耗費幾天甚至幾週的時間。將石頭移到此處後也需要百名男子齊力拉動才有辦法將石頭立起來。眼前的石柱，看到露出在地面上的石柱高度大約是原石柱的2／3，還有約1／3埋在地面下。

石柱區旁則有群葬區，也是當地最具歷史的埋葬區，是以人工鑿洞的方式在大石頭中鑿出洞，越往裡面空間越大，每一個洞都是一個家族。這趟來碰巧遇到有一個洞正在鑿，還未完工，可以從外面觀察裡面的空間配置，而有些洞的門面已經腐爛不見，甚至可以看到當中的遺骸。

最後一天可不能遲到，因為今天要從蘭德包花3個小時的路程到帕洛波（Palopo）的小機場。往帕洛波的途中，在一轉彎處停車用早餐，此處風景真的很美，沿途也與Alex討論如果他想做旅遊，可往哪些方向前進。覺得Alex是一個很有想法且和善的人，大家若去托拉查可以找他唷！

05

鑽石之鄉──馬辰

(Banjarmasin)

3 天 2 夜建議行程規劃

Banjarmasin map

D1 　鑽石礦區 → 寶石加工廠 → 馬塔普拉市場 → 薩比拉木他丁清真寺

D2 　拜當水上市集 → 猴子島 → 河岸市場

D3 　平努島健行

淘洗鑽石。

1

歷史介紹

馬辰，印尼文或英文稱之「Banjarmasin」，是南加里曼丹最重要的城市，位在巴里托河（Barito）和馬塔普拉河（Martapura）所形成的三角洲上，別名是「千河之城」（Kota Seribu Sungai），目前總人口約70萬人，是整個婆羅洲島的第二大城。附帶一提，婆羅洲島由印尼、汶萊、馬來西亞3個國家組成，最大城為馬來西亞的古晉。

南加里曼丹依文獻記載，最早的王國是Nan Serunai，之後經歷多次改朝換代，先是被佛教王國丹戎布拉（Tanjungpuri）取代，到了14世紀又被滿者伯夷帝國統治，15世紀因伊斯蘭教傳入，當地信仰開始轉變，17世

157

紀荷蘭人開始影響當地商業活動，1787年荷蘭殖民此地。二次世界大戰期間，日本覬覦荷蘭在婆羅洲的首都，1942年2月10日，馬辰改由日本控制。

自從荷蘭在此殖民後，當地交通更為便利、商業活動隨之興起，除了擁有深水港口可停靠大船外，城市內的河運亦日漸發達，許多百姓開始建造船屋。此外婆羅洲島礦產豐富，荷蘭殖民時期發展寶石交易產業，當地最著名的是鑽石及紅寶石，馬辰鑽石尤以精緻奪目聞名，近年來許多大型鑽石已被銷售至國外。

2 機場交通

夏蘇丁努爾機場平面圖

馬辰當地的機場名為夏蘇丁努爾機場（Bandar Udara Internasional Syamsudin Noor），屬於國內線機場，目前只有一個航廈，主要營運的航空公司有巴澤航空、連城航空、印尼鷹航、獅航等。要到達馬辰須從印尼國內其他主要城市起飛，如爪哇島上的雅加達、泗水，蘇拉威西島上的望加錫，以及加里曼丹島的巴里巴坂。

夏蘇丁努爾機場位在馬辰的東南方，馬塔普拉的西南方，接駁交通並不如雅加達、泗水、望加錫等國際機場來得方便，主要接駁工具為計程車，建議來此地旅行搭乘計程車或是請飯店接送較方便，旅行社也有代辦服務。出機場航廈即可看到計程車招呼站，建議搭乘跳錶計程車相對安全。

鬱金香飯店（Hotel Golden Tulip Galaxy Banjarmasin）

鬱金香飯店（Hotel Golden Tulip Galaxy Banjarmasin）

Jl. A. Yani, Sungai Baru, Banjarmasin Tengah, Kota Banjarmasin, Kalimantan Selatan 70122 Indoneisa

+62-511-3277777

計程車前往

Rp.800,000 / 晚

24小時

https://galaxy-banjarmasin.goldentulip.com/

鬱金香飯店。

雙人房。

在馬辰的這幾天住的是國際連鎖飯店鬱金香，它位在馬辰市中心，過個馬路就是大型購物商場（Duta Mall），離機場 45 分鐘車程，前往拜當水上市場約 15 分鐘，對旅客來說是一個生活機能頗高的住宿選擇。此飯店提供 5 種房型：高級雙人房、豪華雙人房、小型套房、套房及總統套房。就一間擁有國際四星評比的飯店來說，鬱金香飯店的價格著實親民。

鬱金香飯店的公共設備完善，有一座室外泳池、兩間餐廳和一間酒吧，飯店全區提供免費無線網路；房間內有冷氣、電熱水壺、保險箱等。這裡的健身房空間寬闊，除了常見的跑步機、飛輪以外，還有完善的重訓設備，此外位在高樓層的健身中心還能遠眺馬辰，令人心曠神怡；有別於一般按摩SPA，鬱金香飯店除了提供舒適按摩外，在房間內還提供按摩浴缸，在精油按摩後還能泡個熱水澡，解除整天的疲勞；卡拉OK設備更體現出華人老闆的風格，一般的飯店大多僅提供會議室，這是少數還提供唱歌功能的飯店。

4

鑽石礦區（Cempaka）

鑽石礦區（Cempaka）

🏠 Cempaka, Kota Banjar Baru, Kalimantan Selatan 70734 Indonesia

🚗 包車前往

💲 免門票

◎ 08:00-16:00

🕐 2小時

鑽石礦區「森帕卡」（Cempaka）位在離馬辰東南方約47公里處，是印尼最大的鑽石礦區，除了寶石以外，還有機會發現金沙。鑽石的印尼文為「Intan」，但在加里曼丹地區不會用這個字，他們會用「Galuh」代替Intan。PT Galuh Cempaka 是加里曼丹省最大的鑽石生產商，其鑽石加工基地主要設置在馬塔普拉城。

當地最早發現鑽石的時間要追溯到18世紀的荷治時期，當時殖民者強迫當地人在此開採鑽石，印尼獨立之後，殖民者離開，留下了採礦的技能及鑽石礦坑，日後當地人亦以此維生。當地的礦工是以錐形大碗淘洗砂水，希望有朝一日能找到鑽石。

過去從這裡開採出最有名的鑽石，分別是1965年粉紅色鴿子蛋「Trisakti」以及2006年的3.02克拉藍鑽，因為這2顆鑽石，讓生活在這裡的礦工充滿希望，也讓森帕卡礦區與馬塔普拉城在鑽石市場中聲名遠播。

此地找尋鑽石的採礦方式出乎意料之外的傳統，原以為會是在深山內的洞穴鑿開牆壁找尋特殊寶石，沒想

抽水幫浦。

人工淘洗。

打磨切邊寶石。

到是類似電影《血鑽石》中的採礦方法，利用浮力以及光澤的不同，在圓錐形大碗（Linggang）中以旋轉離心的方式挑出鑽石。其方式如同淘洗金沙般，由上往下撈起一盆一盆的泥土，再利用人工淘洗，日以繼夜地重複這些動作，只希望有一天也能夠發現精美的鑽石，這樣的工作真是不容易。

5

寶石加工廠（Penggosokan Intan Martapura）

寶石加工廠（PENGGOSOKAN INTAN MARTAPURA）
- Jalan Ahmad Yani No. 2 Martapura 71213 Indonesia
- 包車前往
- 免門票
- 09:30-16:00
- 1小時

寶石加工。

和寶石產業有關的地點，除了以礦場為主的「森帕卡」之外，還有寶石加工廠的所在地「馬塔普拉城」（Martapura）。寶石加工廠內有專業的解說人員，會用一點英文跟大家介紹鑽石的等級以及辨識的方式，在這可以學到不少技巧。我嘗試用現場提供的儀器分辨鑽石的硬度，也利用網路上教導的「呵氣法」看鑽石的導熱程度，確實可以分辨出人工鑽和天然鑽石的差異。現場亦有販賣鑽石，歡迎旅客選購。

這家寶石加工廠是由印尼銀行和當地政府共同經營，算是當地的官方單位，希望來此的觀光客可以學習鑽石相關知識，若想在礦區或市集購買鑽石，可先在此學習辨識鑽石真偽的基本方法。

馬塔普拉市場（Pasar Martapura）

馬塔普拉市場（Pasar Martapura）

🏠 Jl. Ahmad Yani No.57, Cindai Alus, Martapura, Banjar, Kalimantan Selatan 70714 Indonesia

🚐 包車前往

💲 免門票

🕐 08:00-16:00

📷 1小時

馬塔普拉市場手工織品區。

參觀完寶石加工廠，接著到當地的傳統市場——馬塔普拉市場。這座市場和先前介紹的印尼傳統市場很不一樣，先前介紹的市場主要販售生鮮蔬果或是民生用品，而馬塔普拉市場賣的東西多為寶石、紀念品及布匹衣服，雖然占地很大，但同質性很高，商品擺放相當密集，令人眼花撩亂，忍不住心想，若能將商品分類擺設，或許會更利於消費者選購。

馬塔普拉市場礦物區。

塔普拉市場買家鑑定與議價。

薩比拉木他丁清真寺（Sabilal Muhtadin Mosque）

薩比拉木他丁清真寺（Sabilal Muhtadin Mosque）

🏠 Jalan Jendral Sudirman No.1, Antasan Besar, Banjarmasin Tengah, Antasan Besar, Banjarmasin Tengah, Kota Banjarmasin, Kalimantan Selatan 70114 Indonesia

📞 +62-511-3353380

🚗 計程車前往

💲 免門票

⏰ 以不打擾教徒為前提，建議白天前往

🌐 https://sabilalmuhtadin.or.id/

📷 1小時

薩比拉木他丁清真寺是南加里曼丹省的最大清真寺，此座清真寺位於馬塔普拉河西岸，建於 1981 年，佔地 10 萬平方公尺，清真寺主體面積 5,250 平方公尺，內部大廳 3,250 平方公尺，共 2 層樓，可容納 1 萬 5 千人。主建築外面由 1 座大尖塔和 4 座小塔組成。

薩比拉木他丁清真寺。

清真寺正面大門。

清真寺大廳。

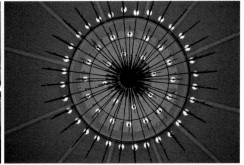

清真寺圓頂。

「薩比拉木他丁」主要是為了紀念伊斯蘭教偉大學者穆罕默德‧阿瑟德‧班加里（Syekh Muhammad Arsyad al-Banjari），這位學者童年時因繪畫和寫作能力出色，受到當時蘇丹‧塔勒魯拉（Sultan Tahlilullah）賞識，特意留在王宮內栽培，並支持他前往麥加讀書。穆罕默德‧阿瑟德‧班加里在麥加獲得「哈里發」的頭銜後，返回馬辰傳教，並寫了一本《伊斯蘭教律法》（Fiqh），這本書後來又稱為「薩比拉木他丁之書」，許多東南亞伊斯蘭信徒在學習伊斯蘭律法時，受此書影響甚深，因此穆罕默德‧阿瑟德‧班加里相當受到當地百姓尊重。

想參觀此清真寺，可於入口處換拖鞋及換裝，請注意不可穿短褲，女性必須保護自己的皮膚，避免穿著太過暴露影響其他信徒，也可於櫃檯換上公用服裝。入寺請遵守應有的禮儀，不可大聲喧嘩。

8

拜當水上市場（Pasar Terapung Lok Baintan）

拜當水上市場（Pasar Terapung Lok Baintan）

🏠 Jalan Sungai Martapura, Desa Sungai Tandipah, Kecamatan Sungai Tabuk, Sungai Tandipah, Sungai Tabuk, Banjar, Kalimantan Selatan 70653

📞 +62-511-6747679

🚢 搭船前往

💲 免門票，船費Rp700,000／艘（拜當水上市場＋猴子島）

🕐 05:30-09:00

📷 2小時

拜當水上市場。

想到拜當水上市場，建議早上4點從飯店出發至巴里托河渡船口搭船前往。從入住的飯店到巴里托河渡船口其實不遠，約車程20分鐘即可抵達，在渡船口談好價格（Rp.700,000／

船）後，隨即摸黑爬上船，因為船艙高度不高，必須匍匐前進，背包還會卡到船頂。

近幾年多次的東南亞旅行，看過

兜售小船。

拜當水上市場早餐。

水上市場與河岸民宅。

越南湄公河（Mekong）水上市場、泰國安帕瓦（Amphawa）及丹嫩沙朵（Damnoen Saduak）水上市場，這次到了印尼真想比較這幾座水上市場的差別。水上市場原定6點開始，但氣候不佳需等雨停後攤販才開始做生意，多等了半小時外面終於雨聲漸歇，河道支流漸漸有小船靠近，船的周圍逐漸熱鬧起來。第一艘停在我們船邊的是一個水果小販，水果小販先切開柳丁讓我們試吃，同伴試吃後覺得有點苦，但小販就依偎在船邊等我

們購買，不好意思說拒絕，最後花了Rp.10,000買了一串芭蕉。

河面上以賣水果的攤販居多，此外還有販賣炸物和糯米製品的商船。儘管許多觀光客醉翁之意不在酒，來此的目的是拍照不是採買食物，還是提醒您要記得準備小鈔，因為攤販基本不找零，如果2顆芒果Rp.10,000，但您只有Rp.20,000的鈔票，想請攤販找零，通常攤販會直接拿4顆芒果給您！所以建議出發前換足小鈔，以備不時之需。

猴子島（Pulau Bakut）

猴子島（Pulau Bakut）

🏠 Marabahan Baru, Anjir Muara, Kabupaten Barito Kuala, Kalimantan Selatan 70582

📞 +62-821-5762-9177

🚤 搭船前往

💲 門票Rp150,000

🕐 08:00-15:00

📷 2小時

外國人一人要價Rp.150,000，價格太高不敢恭維，因此僅在甲板觀看猴子，停留約20分鐘我們就開船返航。

結束水上市場參觀，轉往下一站猴子島。要去猴子島仍走水路，順流而下回到搭船處後再往下游前進。沿途經過許多河岸人家，可以看到兩旁許多人在盥洗。印尼人有個習慣是一天要洗澡兩次，一次是早上起床，另一次是晚上睡前。此時是早上，有些人用水桶撈起河水淋在身上，或用河水漱口，這個景象也令人印象深刻。

猴子島（即巴庫島）是一座位在巴里托河上的小島，屬於自然保護區，島上有許多猴子，有點像峇里島的猴子森林，許多人到此會餵猴子，若在水上市場有購買香蕉，在這邊就可以用來餵食猴子，不過沒買也沒關係，自有旁人提供的猴子餵食秀可欣賞！但要留意身上的東西，不然可是會被猴子搶走的。本想進島參觀，但

巴里托河渡船頭。

巴里托河河運。

10

河岸市場（Pasar Terapung Siring Banjarmasin）

河岸市場（Pasar Terapung Siring Banjarmasin）
- Jl. Kapt Tendean No.20, Gadang, Banjarmasin Tengah, Kota Banjarmasin, Kalimantan Selatan 70122 Indonesia
- 計程車前往
- 遊河小船Rp5,000／人
- 週六16:00-23:00、週日04:00-12:00

許多觀光客來到水岸市場，都想一睹水上市場的風光，雖然帶動了當地經濟，卻也造成不好的影響。

因為參觀的旅客越來越多，破壞當地2座水上市場拜當（Baintan）和庫印（Kuin）的買賣生態，如物價抬高、顧客流量大但貿易量卻沒提升等；加上這2座水上市場較偏遠，想要體驗就必須起個大早、舟車勞頓地前往，對觀光客而言也不是這麼方便。當地政府為了解決上述兩個問題，河岸市場應運而生。

河岸市場水果攤。

猴子雕像。

河岸市場平台。

馬塔普拉河。

2016年地方政府於馬塔普拉河岸設立河岸市場，它位在市中心，對遊客而言較方便安全，且遊客不需坐在船上進行交易，而是由小攤搭乘小船靠近岸邊，遊客只需站在夾板上就可與小船攤販進行交易。此外還提供交通船（Kelotok），每人只要Rp.5,000，就可搭乘小船欣賞沿岸美景，包含猴子雕像（Patung Bekantan）、獨立橋（Jembatan Merdeka）及河岸市場。

要找到河岸市場很容易，因為河岸市場旁有一座高6.5公尺的猴子雕像，這座猴子雕像是政府花了2.6億印尼盾所建造的新地標，猴子是馬辰最具代表性的動物，不論是白天或是黑夜，雕像前的平台總是吸引許多民眾駐足，特定時間猴子雕像還會噴水呢。

11

平努島（Pulau Pinus 或 Bukit Batas）

平努島（Pulau Pinus）
- 🏠 Tiwingan Baru, Aranio, Tiwingan Lama, Aranio, Banjar, Kalimantan Selatan 70671
- 🚌 計程車前往港口，換搭小船（Kelotok）
- 💲 Rp350,000 / 船
- ⏰ 建議白天前往，上午出發，下午返程

平努島又稱「極限山」（Bukit Batas），因離市區路途遙遠，想登山還須坐船渡河，途中沒有木棧道，多處皆是泥土與叢林，想登高需挑戰自我極限，故又稱極限山。它位在馬辰東南方65公里處，須先開2小時的車到達 Tiwingar 港口，再搭船40分鐘，才能抵達平努島。

極限山風景。

平努島是近年來當地政府推行的旅遊景點，當地由於地處偏遠而能保有原始的湖光山色，但除了Telkomsel的手機訊號外，其他家的訊號都收不到。入島不需購買門票，但需要租船

168

制高點全景。

港口。

上船處與交通船。

木製接駁橋。

松樹林。

才可入島，每艘船最多承載15人。上島後會先看到一片松樹林，沿著步道走會通過一座小橋，然後進入村莊。通過村莊就開始丘陵健走活動，約走90分鐘即可抵達制高點，從制高點往下看，可以一覽整個平努島周圍，是個假日健走的好地點。

PART 4

島嶼及地區探險

烏戎庫龍國家公園——西爪哇
(West Jawa)

Indonesia Map

西爪哇 4 天 3 夜建議行程規劃

D0 抵達雅加達機場 → 卡里塔海灘

D1 卡里塔海灘 → 蘇穆港口 → 韓德隆島(住宿處) → 雨林探險

D2 烏戎庫龍半島周圍獨木舟犀牛追蹤 → 海上浮潛 → Oan 小島 → 蘇穆港口 → 卡里塔海灘

D3 卡里塔港口 → 喀拉克托火山 → 卡里塔港口 → 雅加達機場

烏戎庫龍國家公園雨林探險。

●1

地區介紹

烏戎庫龍國家公園（Taman Nasional Ujung Kulon）位在爪哇島的西南角，是印尼第一座國家公園，以保護爪哇白犀牛棲息地為主要成立宗旨。整個國家公園占地 1206 平方公里，陸地區域由烏戎庫隆半島和喀拉克托（Krakatau）、巴娜依丹（Panaitan）、韓德隆（Handeuleum）、貝塢藏（Peucang）等島嶼組成，其他約有 1 / 3 為海洋。

該地區全年降雨豐富，均溫攝氏 25 度以上，屬於熱帶雨林氣候。1991 年被聯合國教科文組織列入世界遺產名列，主要保護爪哇島上最大的低地雨林，常見的植物有棕櫚樹及紅樹林，更重要的是要保護島上的爪哇犀

烏戎庫隆國家公園內各項活動收費

項目（每日）	印尼公民（Rp）	外國遊客（Rp）
露營	5,000	5,000
森林追蹤	5,000	5,000
觀察野生動物	10,000	10,000
潛水	25,000	25,000
浮潛	15,000	15,000
獨木舟	25,000	25,000
衝浪	25,000	25,000
釣魚	25,000	25,000

前往烏戎庫隆國家公園船隻收費

	每艘船價格（Rp.）	備註
快船（限8人內）	4,500,000	晚上從卡里塔港出發
普通船（限20人內）	3,500,000	白天從蘇穆港出發

烏戎庫隆國家公園附近住宿收費

住宿地點	建築	房間數量	設備	每房每晚價格（Rp）
Pulau Peucang 貝塢藏	Flora A	6（雙人房）	冷氣、浴室	電洽
	Flora B	10（雙人房）	冷氣、浴室	電洽
	Fauna	6（三人房）	無冷氣	電洽
Pulau Handeuleum 韓德隆		8（雙人房）	浴室、無冷氣	150,000

牛，在世界上僅存此地的50隻。

　　此區的喀拉克托島早在1921年即成立保護區，主因是在19世紀末喀拉克托發生火山爆發，居民向周圍地區撤離，使得此區域成為動植物物種的生存天堂。而喀拉克托火山更是少數能同時看到紅色、黃色、黑色等岩石地貌的地方，值得遊客到此一探究竟。

　　另外，若從臺灣出發，由臺灣旅行社代包行程，每人旅費約臺幣4萬元（含機票約1萬5千元＋當地開銷約2萬5千元）；若是自行連絡印尼旅行社到此觀光，每人於當地的開銷約台幣1萬5千元，想省錢的背包客不妨嘗試看看。

　　左頁簡單介紹烏戎庫隆國家公園收費標準，除了門票，其他設施使用皆須另外收費，此外前往園區的船隻分成快船和普通船，價格也不太一樣。若要住宿則有兩座島嶼可供選擇，一般旅客都選擇韓德隆島，除了價格便宜，離爪哇島也較近；另外一座島嶼是貝塢藏，住宿價格則需聯繫國家公園。當然我們選擇了距離最近的韓德隆島住宿，並做為前往烏戎庫隆半島的出發點。

　　其他費用如商業電影拍攝、長期研究調查、10人以上團體都有各有其收費方式，可參考烏戎庫隆國家公園官網（http://www.ujungkulon.org/info-pengunjung/biaya-tiket-masuk）。

2

機場交通及路線

由於西爪哇地理位置偏遠，若要在有限時間內完成這趟旅程，建議找當地旅行社服務，直接包車、包行程，所有交通住宿環節都讓人打理會方便許多。由於移動路程較長，交通方法複雜，不建議自行搭乘大眾交通工具前往。行程通常可分為3天2夜或者是4天3夜，一般外包行程包含機場或雅加達市區接送。

　　雅加達接送交通可參考〈PART 3城市之旅〉中雅加達機場的相關介紹。若有跟旅行社接洽，旅行社人員會拿著印有聯絡人名字的字卡在機場入境處等待，只要跟著接待人員前往

停車場放置行李及上車，就可省去找路等麻煩。

所有行程一開始，皆須先從機場前往位在雅加達西方的萬丹省卡里塔海灘（Carita），印尼當地旅行社大多以此為起點，但路程也是最辛苦，因為車程約5個小時，當然中間可以要求到休息站上廁所或稍做休息。由於是搭夜車且路途顛簸，一路上搖搖晃晃終於到達飯店，只是飯店設備很「印尼」，什麼是很印尼呢？就是只有冷水可以洗澡。

---

③

韓德隆島（Handeuleum）

這次帶我們遊覽西爪哇烏戎庫隆國家公園的領隊名叫 Ian。抵達卡里塔飯店後的隔天早上 8 點，一行人在飯店餐廳集合，聽 Ian 介紹接下來 3 天的行程，第 1、2 天先前往烏戎庫隆半島（Taman Nasional Ujung Kulon），第 3 天再前往喀拉克托火山（Krakatau）。敲定行程後每人先付 Rp3,000,000 作為訂金（為總額的一半，可與旅行社協商訂金付多少）。用完早餐，9 點準時上車前往烏戎庫隆國家公園。

要進烏戎庫隆國家公園須走水上航道，因為國家公園太大，沒有實體道路可以搭車直接貫穿，只能以船隻接駁的方式進入烏戎庫隆半島。從飯店坐了約3小時的車抵達可以搭船前往韓德隆島的蘇穆小港口（Pelabuhan Sumur），在港口等待約1小時，一艘由漁船改裝的接駁人力船緩緩駛進。由於要搭乘的動力機械船船身較大、吃水較深，無法停靠在岸邊，因此只能先靠人力小船接駁，再換到動力機械大船，而動力機械船就是要和我們相處兩天的交通工具。

經過約2小時的海上漂流，終於到了韓德隆島！險些暈船的我看到港口甲板就在眼前，馬上拿著行李站上岸！

拖著行李走過甲板，踏過貝殼

接駁人力船。

港口邊雜貨店。

機械動力船。

韓德隆居住小屋。

韓德隆房間。

單引擎小船前往雨林探險。

蘇穆小港口（Pelabuhan Sumur）：

🏠 Sumberjaya, Sumur, Kabupaten Pandeglang, Banten

卡里塔（Carita Bay Resort）接待飯店：

🏠 Jl. Raya Perintis Kemerdekaan No.51, Kalanganyar, Labuan, Kabupaten Pandeglang, Banten 42264

路，眼前出現一幢水泥建築，就是我們這兩天在韓德島上的住宿地點，建築外面有7頭鹿在覓食，孔雀也不怕陌生人靠近，真的是野生動植物保護區呀！

推開住宿水泥屋的房門，果真「自然」，只有床、插座、椅子，但插座沒電，因為晚上6點才會開始供電！如果沒電，那水呢？走到公用廁所，也沒水！由於沒電，也沒辦法抽水，加上昨天沒有蓄水，所以今天要等到晚上才有水能用了！環境真的極其簡單，再自然不過了！

安置好行李後，Ian趁天黑前載著我們搭單引擎小船前往雨林探險，穿上長袖長褲、帶好雨具出發！沿著韓德隆島邊緣前進，駛進一條名為Cigenter的河道，河道兩旁的熱帶雨林不時傳來動物窸窸窣窣的聲音，但總沒見到想看的犀牛。失望之餘天空又下起了毛毛雨，只好打道回府。

烏戎庫隆半島（Taman Nasional Ujung Kulon）

烏戎庫隆半島（Taman Nasional Ujung Kulon）

🏠 Ujungjaya, Sumur, Kabupaten Pandeglang, Banten
📞 +62-253-801731
🚗 先搭車至萬丹省，轉船前往
💲 平日：印尼公民（WNI）Rp.5,000／人
　　　　外國公民（WNA）Rp.150,000／人
　　假日：印尼公民Rp.7,500／人
　　　　外國公民Rp.225,000／人
🕐 園區內活動24小時開放
🌐 http://www.ujungkulon.org/
📷 2日

第二天一早，6點就搭上動力機械船，航行約20分鐘後換小船接駁，抵達搭乘獨木舟的地點Pamanggangan。此時河口已有4艘獨木舟等著，船夫先將昨天因下雨積在船內的水舀出來，一行人再接續上船。

上船後一人分得一支船槳，除了乘客以及Ian外，船尾還有一位船夫為整艘船控制方向。一槳一槳地推水前進，跟昨天單引擎船相比，獨木舟的搖槳聲自然多了！此時Ian要我們注意頭上正有一群野生獼猴盤踞在樹上，還真擔心牠們跳下來呢！過了獼猴群聚點後，在兩點鐘方向出現了不知名的熱帶鳥類，是兩隻黃色大鸛並肩停在枝頭上，這野生的場景，讓我產生鱷魚可能會浮出水面的錯覺。這時候Ian又要我們注意看樹上，居然出現了一條黑色的蛇！不知是不是心理作用，總覺得這裡的動物看起來比較凶猛。

向上游航行了半小時，一直沒看到犀牛，向Ian詢問犀牛應該在哪看，他說這座國家公園內的犀牛約有50

獨木舟。

烏戎庫隆雨林探險。

獨木舟前行。

河岸邊的犀牛足跡。

烏戎庫隆海域珊瑚。

頭，最常出現在河道旁，但這座公園面積很大，他本人來這裡超過千次，卻只看過一次犀牛，想見珍貴的爪哇犀牛還真的要碰運氣了。

　　隨著時間流逝，天色漸亮，Ian說該回去用早餐了，即使因為沒看到犀牛而感到失望也只能同意返回。Ian在回程河道的一處泥濘地停下船，要我們注意一座小土堆上的凹痕，他說這就是犀牛的腳印，犀牛時常會在這河道附近喝水，但因為數量真的太少不易碰見。

　　除此之外，河道兩旁還有許多潮間帶生物在此活動，螃蟹、寄居蟹在此鑽進鑽出的，好不熱鬧。回程順流而下，一下子就划到出海口，此時岸邊有人燒著樹葉，說這樣有助於驅蚊。換上小船再乘動力機械船回韓德隆島的住宿處，將行李整理完帶至船上。坐在船頭享用著烤土司、炒蛋及果汁，雖然簡單，撇除限電、缺水不談，能在沒有手機訊號，不受任何干擾的小島上完整享用一份早餐也是一種幸福。在此同時，船長已駛船轉移陣地，前往下一站——浮潛！

　　浮潛時才發現印尼人很厲害，可

Oan全島景觀。

179

以不用穿救生衣，只靠一支呼吸管就下水。我身先士卒第一個撲通跳下水，此處水質算是乾淨，能見度大概10公尺，生態系主要由鹿角珊瑚、熱帶魚組成。我們下水時還帶了麵包準備餵魚，只見船夫小弟含著一支呼吸管便潛到最底，把吐司撕成碎屑撒在大海中，一群飢餓的魚蜂擁而至，真是標準的餵魚秀。在水面上待了半小時收工便回到船上，船又繼續向北方駛去。

船開了約1小時，在12點左右抵達一座擁有超白沙灘的小島「Oan」，但船停在離岸還有約30公尺的海上，Ian問大家要不要再下水一次，嘗試游上岸？反正衣服都濕了，多個體驗也不錯，便含著呼吸管帶著相機下水，跟著Ian游上Oan小島。Oan小島雖不大，但沙灘上人頗多，也許這些人就是為了這片美麗沙灘而來，可惜這日天色陰暗，不然肯定可以欣賞到漂亮的白沙灣！

在Oan待了半小時後又游回船上，Ian開始準備午餐，其他人就在船邊撕著早餐剩下的吐司餵魚。午餐是一大盤炒飯，也許是因為浮潛消耗太多體力，被我吃個精光。吃飽喝足後，半小時內就駛回昨天出發的蘇穆港口，再坐3小時的車回到卡里塔海灘。經過這36小時的旅程，最期待的就是能徹底洗個澡，然後躺在一張乾淨的床上打滾！

⑤

喀拉克托火山島（Krakatau Volcano）

喀拉克托火山島（Krakatau Volcano）

🏠 Pulau Anak Krakatau, Pulau, Kabupaten Lampung Selatan, Lampung

📞 +62-253-801731

🚢 先搭車至卡里塔港口，轉船前往。

💲 平日：印尼公民（WNI）Rp.5,000／人
外國公民（WNA）Rp.150,000／人
假日：印尼公民Rp.7,500／人
外國公民Rp.225,000／人

🕐 園區內活動24小時開放

📷 半日

喀拉克托火山是烏戎庫隆國家公園內最著名的火山，也是一座活火山，在1883年發生過VEI-6（VEI：「Volcanic Explosivity Index」火山爆發指數）的大爆發，當時釋放出250億立方公尺的物質，連遠在3,600公里外的澳洲都能聽到那次火山爆發的

聲響,是人類史上最大的火山噴發之一。當時的火山爆發所引起的海嘯造成5萬多人喪生,喀拉克托火山也使原本66%的土地面積消失,但也因火山活動,在1927年產生了一座新的火山島——Anak Krakatau,意為「喀拉克托之子」。

我們從卡里塔前往Anak Krakatau。出發當天天氣不錯,早上6點半在餐廳用餐,看到蔚藍的藍天就知道一定能夠順利出海。7點抵達卡里塔港口,港口旁已經停好等候多時的雙引擎快艇,這艘雙引擎快艇由一名船長搭配一名水手出航,船內空間不大,但移動性高且迅速,從卡里塔至喀拉克托最快50分鐘就能到達。這艘雙引擎快艇跟昨天搭過的船都不一樣,速度之快,就像在盪鞦韆一樣忽高忽低,有時衝太快像是要從浪緣掉入海平面,那衝撞的感覺令人有些不舒服,若想要減少這樣的不適,強烈建議坐在船尾,因為船頭翹起,船尾壓在水面下,感受到的晃動相對不明顯。船駛了1小時,新形成的Anak Krakatau已出現在眼前。

從沙灘上岸,這裡的沙因為是火山玄武岩碎屑,全部都是黑色,非常特別,令人印象深刻!一路穿過樹林往火山前進,沿途看到許多紅色岩石

喀拉克托火山。

喀拉克托火山岩層。

紅色火山岩。

以及黃色硫磺礦,也看見標高813公尺的喀拉克托火山還持續冒著煙,而走過樹林後看到的又是另一片光禿禿的玄武岩碎屑。

就這樣走了約40分鐘後,我們順利抵達第二層平台,從這裡遠眺,紅

色、黑色及黃色的石頭搭配綠森林、藍海的景象真的很美。站在此處向東可以看到小喀拉克托島（Krakatau Kecil）、向西可見瑟頓島（Pulau Sertung）、向東南望即是喀拉克托火山島（Rakata，在當地的正式名稱），視野開闊壯觀。不過最令人印象深刻的美景，仍是走過被滿地的紅色石塊以及黃色硫磺塊點綴的火山島，我漸漸愛上這座有許多不同風貌的火山了！

可惜這座火山最高就只能爬到第二層平台，最上面火山口因為太危險無法進入。而為了趕飛機，我們也只待了20分鐘就下山，回到沙灘約早上10點半，上船後船長帶我們沿著整座火山島巡弋一圈，繞到火山後頭才發現，原來島的另一面不是沙灘，而是顏色鮮明的岩漿流直接注入海底呢！

航行1小時後回到岸上，馬上回卡里塔沖個澡，在下午1點離開飯店前往雅加達機場。在西爪哇的旅程也畫下句點。

火山岩漿灌入海面。

02
—
火
山
歷
險
—
東
爪
哇

(East Jawa)

宜珍火山 2 天 1 夜建議行程規劃

D0 泗水出發 → Tongas Asri 早餐 → 爪哇發電廠 → 夜宿外南夢(Banyuwangi)

D1 凌晨前往宜珍火山 → 抵達宜珍登山口 → 抵達火山口 → 返程 → 文多禾梭(Bondowoso)午餐 → 泗水

布羅莫火山觀景平台賞日出 1 日遊建議行程規劃（夜間出發）

D0 泗水出發

D1 抵達布羅莫國家公園境內 → 佩南賈坎山 → 日出 → 返程 → 泥漿村 → 泗水

布羅莫火山口 1 日遊建議行程規劃（清晨出發）

D0 泗水出發 → 松嘉泛舟 → 布羅莫火山口 → 泗水

1

地區介紹

印尼位在歐亞大陸板塊與印度澳洲板塊的隱沒帶，屬於環太平洋地震帶的一環，造成當地多次火山爆發及地震，而 1815 年坦博拉火山（Gunung Tambora）爆發及 1883 年的喀拉克托火山（Krakatau）爆發，都直接導致地球的長時間生態浩劫，同時也造就了全印尼有 1 萬 7 千多個島嶼，又稱萬島之國。

印尼境內的火山依照地理位置分成6區，其中4個區域屬於巽他島弧（Sunda Arc）系統，另外2個則是哈馬黑拉島（Halmahera Island）系統；巽他島弧系統是指從西蘇門答臘島到巴布亞紐幾內亞（Papua New Guinea）這個範圍，由西向東分別是蘇門答臘、巽他海峽與爪哇島、小巽他群島及班達海。哈馬黑拉島系統則是菲律賓往南延伸到蘇拉威西島這個範圍，分別為蘇拉威西島、桑義赫群島（Sangihe Islands）及哈馬黑拉島。

接下來，本章將介紹的2座著名火山——布羅莫火山（唐格爾火山群之一）和宜珍火山，都位在東爪哇島上，屬於巽他島弧系統的火山地形。

2

機場交通及路線

※市區與泗水機場間的交通，請參考〈PART3城市之旅〉中的交通介紹。

從泗水機場前往布羅莫國家公園或宜珍火山最方便的交通方式是包車，分別為從泗水往布羅莫火山 1 日遊，4 人座轎車 Rp.900,000；或前往宜珍火山 2 日遊，16 人座小巴 Rp.2,800,000。

從泗水機場前往布羅莫國家公園單程就需要約5小時車程，前往宜珍火山的周圍城市外南夢（Banyuwangi）

及文多禾梭（Bondowoso）最少需要約6小時，從附近城市到宜珍火山還需2小時，要有長時間搭車的心理準備。

此外也可考慮搭火車，若要前往布羅莫火山可從固本火車站（Gubeng）搭火車至龐越（Probolinggo），再轉計程車或計程摩托車前往半山腰的策羅莫拉望村（Cemoro Lawang）；若是前往宜珍火山則可搭火車至外南夢站（Banyuwangi Baru），然後再轉當地計程車或計程摩托車上山到登山口。

火車購買車票方式請參考〈PART1交通篇〉。

若想搭公車前往布羅莫火山，可從泗水客運站（Terminal Purabaya）搭3小時巴士前往龐越，票價Rp.80,000，再搭1.5小時的小巴士前往位在半山腰的策羅莫拉望村，票價Rp.30,000。但不建議觀光客自行搭公車前往，除了路途遙遠、換車過程繁瑣外，也有部分旅客曾在車上被偷手機、相機，或是被找麻煩的案例，還是小心為妙。

---

③

宜珍火山（Kawah Ijen）

宜珍火山（Kawah Ijen）
🏠 Banyuwangi Regency, Java, Indonesia
🚗 包車前往
💲 平日：印尼公民（WNI）Rp.5,000／人
　　　外國公民（WNA）Rp.150,000／人
　　假日：印尼公民Rp.7,500／人
　　　外國公民Rp.150,000／人
　　機車Rp.5,000／車、汽車Rp.10,000／車、露營Rp.5,000／帳
⏰ 24小時
🌐 https://exploreijen.com
📷 2天1夜

位在爪哇島最東邊的宜珍火山，有世界上最大的酸性湖泊，著名的地景為「藍色火焰」（Blue Fire）以及現場硫磺礦的人工開採實景。由於宜珍火山不易到達，讓許多觀光客錯過此行程。不過在印尼這麼多火山行程當中，我最喜歡的就是宜珍火山，特別是半夜上山先看藍色火焰，再等著看日出的充實行程真讓人永難忘懷。然而要征服這座火山的難度也不低，還須先評估自己的體能狀況是否能負荷。

第一天從泗水出發，搭乘包車的小巴士，在出發之前要先檢查車內狀

況，包含冷氣冷不冷、輪胎、空間和座椅等，尤其要避免遇到老車，因為還有上山的路程，所以車況要特別注意。離開泗水後先上高速公路，第一個休息站是Tongas Asri，這是一家位在布羅莫火山下的餐廳，也在國道一號旁，環境還可以，店員會說點英文，是從泗水出發向東行駛的第一個休憩點。

沿途我們經過爪哇電力公司（Jawa Power）的巴東電廠（Paiton），並在此稍作休息。這座位在東爪哇龐越附近的發電廠緊臨印度洋，主要採燃煤發電，印尼政府利用海運將北邊蘇門答臘產的煤礦橫跨爪哇海後運送至此，最大發電量為4000兆瓦。

過了爪哇發電廠後，車行駛了2小時到達詩都文羅（Situbondo）用晚餐，很幸運的遇到會講些中文的華人老闆，他用簡單的中文介紹菜色。看到菜單上有「Kueght」，由於音似台語的「規呀」，以為指的是「粄條」，結果老闆說那是「湯」的意思，也就是湯麵，藉此糾正了我對印尼語的誤解。在這之前，都以為有許多與閩粵語發音類似的印尼語是從閩粵語直接音譯而成，如米粉的印尼語發音為「Miephane」，現在才發現是誤會一場，感謝老闆的這堂印尼語課！

沿著峇里海再往南走，便是今晚住宿的地點外南夢，抵達飯店已是下午4點半，從早上出發到現在已過10小時，大家都累了，決定早點休息，準備迎接凌晨重頭戲——攻上宜珍火山。

這次旅程的主角是藍色火焰及火山口，想看藍色火焰必須在夜晚抵達山頂，並爬下700公尺的火山口

爪哇巴東發電廠冷卻水。

夜宿宜珍火山的帳篷。

186

計程人力車（GoJek）。

凌晨走下火山口。

沿途販賣新鮮硫磺礦。

（Crater），才能貼近由「硫」燃燒所造成的藍色火焰。從外南夢到登山口車程約1小時，從登山口走到山屋、再到火山口全程3公里，光是步行就需近2小時，且從火山口邊緣再下至硫磺噴發處又要1小時。若想看到藍色火焰還得趕在天亮之前抵達，因此凌晨12點半從外南夢出發算是很趕的安排，若是從更遙遠的文多禾梭出發到宜珍火山，建議要再提早1.5小時會比較恰當。

由於宜珍火山海拔超過2,000公尺，山上氣溫比山下低12度以上，因此建議穿著長褲、長袖再加上一件外套，脖子上若能有毛巾或是騎單車的頭罩就更合適了。另外，若有打算下火山口，建議佩戴頭燈、全罩護目鏡、活性碳罐防毒呼吸器，腳穿雙防滑的鞋子。

從外南夢市區出發，車程約40分鐘處有個閘口，會收取每人Rp.3,000的過路費。通過此處後再開半小時就會抵達登山口，下車後馬上感受到山上的涼意，將裝備準備好後就出發上山！

凌晨2點買了門票在入口處剪票，看到入口的指示牌表示從此處到火山口約3公里，坡度約30度到45度之間，當然也有部分路程為平地。沿途會經過因打雷閃電倒在一旁的樹幹、山屋、夫妻樹等地標。

到火山口的路上最常聽到的搭訕用語是「Taxi」、「GO-JEK」，Taxi是計程車，而GO-JEK在一般指的是印尼當地的計程摩托車，除了載人也可以幫忙外送，依里程計價。但在這火山路途中，這兩個名詞的涵義都是人力車，載至火山口，來回一趟就要Rp.600,000，需不需要就見仁見智了，如果決定搭乘，建議從山下就上車，因為不論載送路程長短都是均一價，越遲上車當然就越不划算！

一路往山頂前進，過了山屋代表離火山口更近了，只需再走過一個S形上坡，之後就是一路平地直到火山口的山稜線，途中在路邊休息3次，喝水補充體力及戴上口罩喘口氣，終於在清晨4點抵達了山稜線。滿山的旅客及礦工占據了此稜線，人手一支手電筒一閃一閃地好漂亮。在稜線上也有許多在地人正在出租呼吸面罩，一個呼吸面罩要Rp.50,000，若有打算下火山口建議租借一個，租的時候一定要現場測試，完全沒有漏氣才可以使用。

沿著火山口南面進入火山稜線，到稜線時天還沒亮，順著逆時針方向走到東面，那裡有個缺口，此時下火山口的崎嶇天堂路正是人最多的時候。一開始因為要在黑夜中走這條路，只感到心慌，只想著走好每一步，只踏在手電筒照得清的地方。等到天亮往回走時，看清自己所處的高度，意識到腳踩的石頭路原來如此狹窄，此時真是不只心慌，更是渾身發軟、顫抖！

從山稜線往向下約有700公尺要前進，這700公尺花了40分鐘才走完，除了路窄、天暗視線不佳外，加上不時有扛著硫磺礦要上火山口的礦工自反方向而來，因為礦工的扁擔較重，「會車」時兩旁的遊客只能紛紛閃避，深怕發生意外。有趣的是，有些礦工會趁休息時，直接拿起硫磺礦販售，價格在Rp.30,000-100,000不等，有些硫磺礦甚至有特殊造型呢。

下火山口的途中，眼睛只注視腳下，發現礦工大多穿雨鞋穿梭在這破碎的石頭路上，而當地印尼導遊是穿涼鞋，其他國家觀光客則是以登山鞋居多。穿什麼牌子的鞋不重要，最重要的要有止滑效果，並注意腳步才能確保安全。

終於在05:06抵達火山口底處，相較於下來的破碎石路，這裡的空間大上許多。回頭看向剛走下來的蜿蜒石路，手電筒的燈光一盞接著一盞，排出一條銀白色的蛇路，真是令人印象深刻！眼看太陽就要升起，眼前的藍火就快要消失，我趕緊把握時間，記錄下眼前的景色。

看著許多勇者為了記錄這精彩的瞬間而大膽靠近，內心不禁由衷佩服。為什麼說這是勇者的行為呢？因為火山口所冒出的蒸氣溫度十分的高，光是簡單的活性碳口罩是無法將熱氣過濾，這蒸氣將鼻子、氣管、雙眼薰得直掉淚，痛苦得快要窒息，想換口氣卻吸入更多蒸氣。也因此，若想下火山口強烈建議使用全罩式護目鏡及防毒呼吸器。此外也要注意風

宜珍火山藍火（Blue Fire）。

液態硫磺。

向，當風向改變使硫酸蒸氣往自己方向來時，要儘速躲到大石頭後方，如果想像火災時一樣就地匍匐呼吸地面上的空氣是沒用的，因為硫化氫或是硫酸蒸氣密度都比空氣重，所以請注意自身呼吸狀況。

眼見遠方魚肚白，要跟藍色火焰說再見了，果然火焰倏忽即逝，一轉頭藍光就消失了。

離開了硫磺口，走到下方硫磺管出口處，看著礦工如何採集硫磺。他們首先讓蒸氣沿著管線到下方出口，順著硫磺管中流出的液態硫磺遇冷凝結成塊，礦工再徒手將硫磺塊放入竹簍中，完成人工採礦。眼看礦工的身影在蒸氣中若隱若現，很佩服他們的耐力，卻也為他們所承擔的危險而擔心，這些礦工一天的工資約美金5元，非常微薄風險卻極高，可以稱上世界最艱苦的工作之一。

眼看天亮了，也該往回走了，這時候才發現「下山容易上山難」呀！往山頂一看腿都顫抖了！但還是得回火山口，因此亦步亦趨跟在一位礦工後面，看他肩膀扛著共60-80公斤的硫磺礦真是欽佩，自己有時根本不知左腳該站哪、右腳該往哪踏，但看著礦工沉穩地走在每塊石頭上，心也跟著安定了不少。離開火山口、走回山稜線又花了約40分鐘，終於度過這恐怖的好漢坡。

此時的風景令人讚嘆，耀眼的陽光灑落在這優美的圓弧圈上，地貌劃出一條條輻射狀的凹痕，在宜珍火山，我興起對大自然的欽佩。火山口內是一景、火山口外更是一絕，沿路上礦工坐在路旁將硫磺塊雕刻出特殊造型的商品，這畫面令人感動，忍不住拿起相機記錄下這真實的一刻。

大自然的鬼斧神工刻劃出這美麗

火口湖。

人力扁擔挑硫磺礦。

雕刻硫磺塊的礦工。

步行火山稜線。

宜珍火山東面景觀。

步道中繼站-山屋。

的篇章，沿途記錄著與上山方向相反的地貌，也方便下次登山時估計自己行走的相對位置，終於在早上8點左右回到登山口，再花3小時的車程到文多禾梭用餐，4小時後抵達泗水，結束了這次的火山歷險。

───── 4 ─────

佩南賈坎山（Gunung Penanjakan）：布羅莫火山觀景平台

離印尼泗水最近且最著名的火山非布羅莫（Bromo）莫屬了。布羅莫火山位在東爪哇省，高度 2,329 公尺，火山口南北直徑 800 公尺，東西直徑 600 公尺，屬於活火山，最近一次噴發就在 2016 年 7 月。和 Sand Sea、Semeru 火山合稱為「布羅莫唐格爾塞梅魯國家公園」（Bromo Tengger Semeru National Park）。

　　這次臨時起意決定挑戰布羅莫火

布羅莫火山。

佩南賈坎山（Gunung Penanjakan）

🏠 Area Gn. Bromo, Podokoyo, Tosari, Pasuruan, Java, Indonesia

📞 +62-341-491828

🚗 包車前往

💲 觀景平台免費、夜間包車Rp.900,000／車、
吉普車Rp.500,000／車、
觀景馬匹Rp.50,000（自選）

🕐 24小時

🌐 http://bromotenggersemeru.org/

📷 1日

山，除了想親自看看火山口，也欲一睹名聞遐邇的日出美景，於是找好包車司機Deny，談好價格後立刻從泗水出發。上車時Deny說布羅莫距離較遠，所以車資是Rp.900,000，不包含火山的吉普車跟馬匹，沿途停靠了許多阿爾發便利商店（Alfa market）。Dany還說晚上10點出發太早了，到火山才凌晨2點，要等到清晨5點日出太

久，時間仍很充裕所以可以慢慢走，約莫凌晨3點到達火山最恰當。

在一陣搖搖晃晃中，看著司機將車緩緩停下，前嚕後退地倒車進一座小車庫，此時手錶上顯示著02:45，已經位在布羅莫火山的山腰了，Deny說在這等一下，會有吉普車司機來帶我們前往觀日平台及火山口。過了約半小時，終於有亮光從巷子口投射過來，Deny說「Let's Go！」，準備出發！一台吉普車最多可載6人。正要出發時，車後來了一輛摩托車，車上載著許多貨物要販賣，如毛帽、手套、圍巾等防寒聖品，冷到全身發抖的我連殺價都懶得殺就買了一頂Rp.20,000的毛帽。

上車後Deny在前座示意我們別

講話，因為即將要進入國家公園的售票口，讓司機交涉就好，不然一開口票價會差很多。網路上資料顯示外國人和本地人票價差數倍！雖然我們都有工作簽證KITAS，有機會買到本地人的票，但與其冒險不如乾脆別說話來得安全。車子真的在一個燈亮著的門口減緩速度，但也沒停就通過了，Deny說吉普車司機剛才已經買好票，看來印尼人還真有印尼的辦事方法呢！

在蜿蜒的山路上又轉了一會，約莫清晨4點，車停了下來，一開車門差點被迷你馬的口水噴到，嚇了一跳，原來這附近的迷你馬載客服務已經服務到吉普車旁，英文「Horse」、中文「騎馬」等詞彙此起彼落地出現，當中夾雜著簡單的印尼語，騎馬一趟Rp.50,000，Deny表示距離不遠，用走的就會到，因此放棄騎馬。沿路聽到騎乘服務喊價從Rp.50,000降價到Rp.30,000，當聽到價格越來越便宜就知道離終點越來越近啦！

沿途還看到休息站點著微亮的燈火，販賣著泡麵、水、餅乾等物品，遠方的黑夜逐漸翻成魚肚白，得加緊腳步往前了！終於在一個大彎之後，看到所有馬匹都停在這，再往上就要靠自己的雙腳走上階梯，大約又過了4個彎，頭頂上有個牌坊，終於到了第一觀景平台。

欣賞布羅莫日出的觀景平台有兩個，這次來的是第一觀景平台，位在布羅莫火山北方的Gunung Penanjakan。（在與司機溝通地點時，要說印尼語地名Gunung Penanjakan，若是講「第一觀景平台」對方會不知道指的是哪裡）這邊有兩座人工的水泥涼亭，若是地面已站滿人，有些人會爬到其中一座涼亭的屋頂上卡位。第一觀景平台除了這兩座涼亭，還可以往平台後方的小山丘前進，尋求更好的視野，但因為小山丘是泥土路，加上沒有任何輔助工具會有點滑，所以自己要小心！

卡好位置後聽到一陣歡呼，沒錯，太陽從東邊升起了！站在看台往火山的左手邊看就是東方，赤紅的火球緩緩升起，以祂溫暖的手漸漸滑過布羅莫山區，往火山口的方向瞧去，原本漆黑的火山口已披上一層橘色的大衣，火山口的紋路在陽光照射下，立體的樣貌越來越明顯。

此時，可以看到一座靠近平台、有完整火山錐的火山，但那並不是布羅莫火山本尊，冒著白煙的那座才是！而在遠處最高的那座火山就是塞梅魯火山（Semeru），也是東爪哇第

佩南賈坎平台與布羅莫火山。

布羅莫大蔥田內觀景祕徑。

一高峰。布羅莫火山被一片U型大沙漠給包圍，沙漠目前寸草不生，由觀景平台往下看也看不到任何風吹草動，原來這就是明信片上布羅莫的真實模樣呀！壯觀得令人讚嘆，難怪會有眾多旅客會為這片美景專程來爬這座火山。

欣賞完日出後，準備下山離開佩南賈坎山，前往第二站。布羅莫火山口，上來時天色未亮，錯過許多美景，下山時正好可以由高往低仔細欣賞。離開了觀景平台後，在下方的轉角處發現了一頂紅色帳篷，原來有人乾脆紮營在此，真是鳥瞰布羅莫最佳位置，佩服他們的勇氣與抵抗寒冷的精神；再往下走就到了馬兒休息區，這裡攀爬的難度，比起宜珍火山真的是輕鬆許多呀！

兩旁的車越來越多，馬越來越少，聽到從後方傳來不標準的「老師老師！」原來Deny正在等著我們，和司機會合後便離開這座觀景用的佩南賈坎山。

正當在想著要如何抵達下方的沙漠時，Deny說我們運氣不好，近期因為偵測到火山噴氣濃度異常，有爆發的可能，布羅莫火山封閉到10月20日，今天是參觀時還在開放前，是10月16日尚未開放，所以無法進到下方沙漠並且攻上火山頂。這句話讓我心情有些低落，有任務未完成之感，對於我這種想要追求完美旅行的人而言，或許這點遺憾，就是要讓我來第二次的動力吧！

5

泥漿村（Lapindo）

泥漿村（Lapindo）

🏠 Jalan Raya Tanggulangin, Ketapang, Tanggulangin,
Jatirejo, Porong, Lumpur Lapindo, Jatirejo, Porong,
Kabupaten Sidoarjo, Jawa Timur 61272

🚌 計程車或包車

💲 Rp.20,000

🕐 07:00-18:00

❗ （此區為一個自然景觀，當地人坐地起價收門票，也無特定聯絡方式）

泥漿村。

泥漿平原。

從布羅莫火山回程中經過此地，讓人不禁想了解泥漿村到底是如何形成的。

泥漿村是怎麼形成的呢？在2006年印尼石油商PT Lapindo Brantas認為此地下方富含豐富的天然氣，決定在此鑿井開採。第一口井由地表而下穿透黏土層、頁岩層、火山碎屑層，一路到可滲透的碳酸鹽層。鑿井的過程中，在這口井的西南方約200公尺處即噴發了少量的氣體和水蒸氣；同年6月在此井西北方約800-1000公尺的地面又有兩處噴發，這些噴發的氣體中含有相當高比例的硫化氫（H_2S），也伴隨著約攝氏60度的熱泥。

直到2008年，泥漿仍以每天10萬平方公尺的速度向外擴散，總計淹沒了附近12座村莊，總面積超過700公頃，到目前為止該處被泥漿淹沒的地方仍是寸草不生，最後終於以20公里長的堤防控制住泥漿的擴散，而形成現今景象。

了解泥漿村的形成背景後，要如何進入參觀呢？別擔心，到達定點一下車就會有人主動來收門票費，每個人Rp.20,000。付費後爬上堤防，一眼望去真的是寸草不生。走下堤防往乾

涸的泥漿裡走，因為此地已被太陽曬乾，行經的區域泥漿還滿堅硬的，不過司機說可能會有流沙，還是小心為妙。

由於此景點以自然景觀為主，所以當天在這拍了些照片後就下堤防返回泗水，建議大家可將此地當作從泗水往西或往南經過的中繼站。

---

⑥ 松嘉泛舟（Songa Rafting）

松嘉泛舟（Songa Rafting）

🏠 Dusun Krajan 1, Condong, Gading, Probolinggo, Java, Indonesia

📞 +62-31-5910755

🚗 包車前往

💲 包車Rp.700,000 / 車

　Songa atas：外國人Rp.450,000 / 人
　　　　　　　居留證Rp.350,000 / 人
　　　　　　　本地人Rp.319,000 / 人
　Songa bawah：外國人Rp.400,000 / 人
　　　　　　　　居留證Rp.300,000 / 人
　　　　　　　　本地人Rp.279,000 / 人

🕐 08:00-16:00

🌐 https://www.songarafting.com/

📷 半日

松嘉泛舟這項戶外運動在松嘉河上已行之有年，在有 1 萬 7 千多個島嶼的印尼，泛舟這項戶外運動處處可見，而東爪哇的泛舟活動場地就是在龐越（Probolinggo）城東南邊的松嘉河。在此泛舟有兩條路線，一條是較長的 Songa atas，另一條是較短的 Songa bawah，千里迢迢來到此，當然選擇最長的 Songa atas 行程！

早上6點從泗水包車出發，抵達松嘉泛舟遊客中心已經早上11點了，換上可以全濕的裝備，輕便上衣、褲子及涼鞋，若有缺少裝備可以到店內或是門外的小雜貨店購買簡易服飾。著裝完畢後，穿上救生衣、安全帽，每人各取一支槳，享用泛舟公司準備的熱薑茶暖暖身子，做好全部準備後，即聽從教練指示上貨車。站在後車斗上，穿梭在崎嶇的山路，也別忘欣賞沿途風景。

過了約20分鐘，在一處空地下車，每人拿著自己的船槳，沿著空地旁的山路一路向下走。走了約10分鐘抵達下方的河谷，原來其他教練早就在此等候。利用機車運來了橡皮艇，經過風扇的填充吹氣，5分鐘橡皮艇馬上挺立了起來。戴眼鏡的遊客可以跟

松嘉泛舟。

松嘉河畔。

中途休息站。

泛舟終點。

自己教練拿橡皮筋將後方固定住，有3C產品的朋友要確認是否防水，否則後果自負呀！

　　一上船後教練會教幾個簡單的動作，如：向前划、向後划、跳一跳、蹲坐、抓緊麻繩以及停止動作，以確保過程中我們能一路順暢。準備妥當，教練就會吹哨子向遠方的指揮官表示準備好，聽候指示衝入河中！

　　整個泛舟行程分為兩個階段，第一階段會經過瀑布、蝙蝠洞以及專為遊客拍下紀念照的拍照點，然後以中間用點心區為分界稍作休息，泛舟公司會準備炸香蕉、熱薑茶在此等候大家光臨，吃飽喝足後即可開始第二階段。

　　經過第二階段水上激戰後，儘管滿好玩的，但也精疲力盡，只能抬起沉重的步伐，一步步往河谷上方前進。而剛剛載我們的小貨車已經停好在此等候我們，當全部人上車後，貨車便緩緩駛回遊客中心。

　　回到遊客中心後，泛舟公司也準備好午餐，相當豐盛也相當美味，我

開心地吃了兩大碗。用餐完畢後可以到櫃檯選照片，泛舟過程中有教練幫拍照，一張照片電子檔賣Rp.25,000，可以大家一起平分，若買10張則有優惠價Rp.200,000。

完成泛舟活動已經下午2點，緊接著前往布羅莫想趕上日落之景，一上車一行5人除了司機以外，全都睡得東倒西歪，沿途許多鄉村畫面一閃而過，終於在下午4點抵達布羅莫，換搭乘熟悉的吉普車，準備出發前往火山口。

7

布羅莫火山（Gunung Bromo）

布羅莫火山（Gunung Bromo）

- Area Gn. Bromo, Podokoyo, Tosari, Pasuruan, Java, Indonesia
- +62-341-491828
- 包車前往
- 平日：印尼公民（WNI）Rp.29,000／人
  　　　外國公民（WNA）Rp.220,000／人
  假日：印尼公民Rp.34,000／人
  　　　外國公民Rp.320,000／人
- 24小時
- http://bromotenggersemeru.org/
- 半日

布羅莫山腳的印度廟。

先前在布羅莫火山無法登上火山口的遺憾，要在今日補回來！在通過收票口前，Deny依舊要我們別出聲，買票讓他溝通就好。過程中一貫在後座保持沉默，但此時外面有人向車內探頭問泰國？馬來西亞？越南？中國？眼看就演不下去了，只好說來自臺灣。Deny回過頭說瞞不過他們，只好出示居留證（KITAS）購票，剛好同行有位夥伴沒有居留證，所以票價貴了整整8倍。

過了收費站馬上往火山口區域駛去，火山口區域可分為兩個部分，第一部分是平原區，第二部分就是那正在冒煙的火山口。在前往火山口當天的天氣不是很晴朗，有許多雲霧繚繞著周圍的山丘，反而成了另一種美麗的畫面。

平原區是過去布羅莫火山噴發後的火山灰堆積而成，黑色的火山灰隨風飄移，廣大的平原也成為遊客在此騎馬或吉普車飆速的絕佳場所。吉普車在此地飆速打轉，在平原上畫出美麗的弧形，看著此景，令人不禁讚嘆，一座布羅莫火山景色竟然如此多變。

最後一站就是那正在冒煙的布羅莫火山口！只見天色漸暗，到火山口下時已經下午5點，距離日落只剩30分鐘，但吉普車只能送到火山口下的周圍，一下車就有馬夫牽著馬上前，問需不需要坐馬，這裡的馬伕開價比觀景平台還高，不殺價就會被當肥羊。一開始開價來回一趟Rp.500,000，但出門前做功課，所查得的資訊是來回一趟Rp.100,000，考量到迷你馬也是被馬伕牽著走，若要比移動速度，用跑的或許比騎馬還來得快！

一旁的Deny說如果要攻火山口，來回大約要3小時，時間不多了，還是趕快出發吧！一路又走又跑，馬夫也在旁跟著，價格也從Rp.500,000變成Rp.200,000，最後越過中間的印度廟（Hindu Temple）又變成Rp.100,000，有位同行的旅伴就用Rp.100,000的價格買了剩下的路程，不過到了火山口的半山腰有253格的階梯，由於馬不能上階梯，從這裡開始就非得靠雙腳不可了。

遠方的紅光越來越接近地平線，就快趕不上了，一夥人三步併作兩步往火山口爬去，終於在黑夜降臨前抵達了火山口。火山口的邊緣空間不大，雖然有水泥圍欄，若參觀火山口的人多，在這坡度陡又狹窄的空間擠來擠去其實相當危險。拍完照正準備下山時，有在地人上來兜售花束，這些花束是幸運花束，可用來許願，許願後朝火山口丟下，這是幸運花束的目的。

此時遠方的閃電接踵而至，一行人趕在下雨前奔下山。回到吉普車上一看手錶，來回火山口一趟還真的耗費近3小時，Deny估得真準！坐車從布羅莫回到泗水，中間還有停車吃晚餐，抵達泗水時已經晚上11點，松嘉、布羅莫1日遊達成！

吉普車穿越火山平原。

布羅莫火山口。

03

觀光勝地——峇里島

(Pulau Bali)

Indonesia Map

峇里島 2 天 1 夜建議行程規劃 A

D1 　白努亞海灣海上活動（海底漫步、潛水、海龜島）→

D2 　聖泉寺 → 卡威山石像 → 象窟 → 午餐：歐卡媽媽烤豬飯 → 烏布市集 →

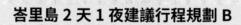
Indonesia Map

峇里島 2 天 1 夜建議行程規劃 B

D1 　烏布皇宮、水宮 → 魯基桑美術館 → 日落行程：邦喀薩梯田 → 孟格威宮殿 → 古寧桿咖啡田 → 猴子森林 → 海神廟

D2 　日出攝影行程：黃金梯田日出 → 聖泉寺 → 坦帕西林市場 → 梯埔馬那瀑布 → 某印度教建築秘境 → 烏布市集 →

峇里島阿貢火山與黃金稻田。

① 地區介紹

印尼峇里島（Bali）近幾年已成為臺灣旅客暢遊海外小島的選項之一，除了價格便宜，海島婚禮更讓許多人嚮往。峇里島很大，若要認真探尋，約需花一個星期才能把這裡大致走過。在印尼工作的這 1 年裡，只要週末皆忍不住想前往峇里島度假一番。

峇里島位在南緯8度，屬於熱帶莽原氣候，有明顯的乾濕兩季，乾季是4月到9月，此時為旅遊旺季；濕季則從10月到隔年3月，此時為旅遊淡季。全島東高西低，有多達5座的火山（Gunung Batur、Gunung Agung、Gunung Merbuk、Gunung Patas、Gunung Seraya），其中以全島最高的阿貢火山（Gunung Agung）和巴杜爾火山（Gunung Batur）最為著名。海洋生態亦相當豐富，全島周圍環繞珊瑚礁，北部的黑色沙灘和南部的白色沙灘相互呼應。

由於國際機場設立在東南角的登帕薩（Kota Denpasar），交通便利性使得南部景點獲得較多觀光客造訪。如位在機場北方約15分鐘車程的庫塔區（Kota），這是遊客聚集最多的區域，以沙灘、百貨公司、酒吧聞名；而位在峇里島中部的烏布（Ubud），主打歷史文化以及文創基地，也成為背包客的熱門景點；東南角的努沙杜瓦（Nusa Dua）開發成高級渡假區，有許多五星級飯店坐落於此，是許多富豪名流所愛，每間五星飯店都擁有一流的國際會議或是高爾夫球場，吸引了不少商務遊客；西南角的金巴蘭（Jimbaran）過去是小漁村，近期因有

少數飯店進駐也成為許多遊客前往的地方，這邊沒有庫塔區的喧鬧，沒有努沙杜瓦的商務行程，但有慵懶的海灘，許多人到此在沙灘上享用海鮮燒烤，並搭配落日餘暉，非常的浪漫。

從有歷史記載以來，峇里島的主要宗教信仰一直是印度教，由於此地遭受許多外來文化入侵，其中受到印度教影響最久遠。在11世紀左右，峇里島國王和爪哇島公主聯姻，促使印度教文化又與爪哇文化互相融合。當地超過8成人民信奉印度教，這是在以信奉伊斯蘭教為主的印尼中，相當特別的區域。

國內航廈地圖

2 機場交通及路線

國際航廈地圖

從臺灣出發搭乘國際線

峇里島是印尼著名的觀光勝地，賴伍拉機場（Ngurah Rai International Airport）也是少數有和臺灣直飛的機場，中華航空與長榮航空每天各有一班從臺灣出發的直達班機，航程約 5 小時 30 分鐘，平均票價臺幣 20,000 元，過海關的簽證介紹，可參

考〈Part II 2.簽證與其他證件〉。

一般抵達峇里島賴武拉機場的遊客以團客居多，一下飛機就會有旅行社安排接送。若是行李較多的背包客，以搭乘出口處的白牌計程車接送較為方便，但白牌計程車以喊價為主，如果想選擇跳表計程車，如藍鳥或是優步，很難在國際大廳出口搭

乘。若行李較少，且想搭乘價格較便宜及公道的跳表計程車，建議從國際線航廈移動至國內線航廈，再依循路線走出機場，在機場外的清真寺停車場搭乘跳表計程車是最好的方法。

從國際線航廈移動至國內航廈的指示比較不清楚，也沒接駁巴士或捷運可以搭乘，因此在這介紹如何從國際航廈走到國內航廈。首先在Departure C、D右手邊有個不顯眼的Terminal Domestik（國內線航廈）的指示，沿著此方向前進下樓，下樓後會先到機場旅館，穿過機場旅館大門後右轉即可抵達國內線航廈。再依上述方式由國內線航廈穿越白牌計程車、汽機車收費站，即可離開機場。

從印尼出發搭乘國內線

在印尼當地前往峇里島的交通方式有很多選擇，廉價航空如：獅子航空或連城航空。當然也有許多一般航空公司，如：印尼鷹航。對背包客而言，搭乘廉價航空從泗水來回峇里島是最實惠的，因此花了Rp.886,000買了一張獅航泗水到峇里島的來回機票。印尼的獅航非常受人喜愛，除了票價便宜外，還送20公斤免費行李托運，但廉航另一個特色是容易延誤，所以在時間規畫上要多加注意。

經過40分鐘的航程順利抵達峇里島賴伍拉機場，一下飛機進入航廈後，看見走道旁放滿了峇里島的旅遊相關資訊，可以挑幾本感興趣且方便翻閱的旅遊手冊帶走。

出了機場後現場有排班計程車，因為沒看到熟悉的藍鳥計程車，只好拿住宿地址給計程車櫃台，櫃台一開始開價Rp.200,000，但用優步估價約Rp.90,000，明顯多了1倍以上，價格太高無法接受，就開始殺價。司機先說Rp.160,000，最後喊價Rp.150,000成交。車程30分鐘，抵達位在北庫塔區的旅館。

國際航廈出口。

沿國內線航廈指標或機場酒店指標。

經過機場酒店。

多次進出印尼機場，發現有個奇怪的現象，印尼全國機場接駁或排班的計程車以喊價方式交易，就連白牌計程車都是，只有雅加達、望加錫這2地的機場有跳表計程車可選用搭乘，一般外國人所喜愛的跳表收費計程車無法在此接客，有一種劃分地盤的氛圍。至於喊價和跳表計程車哪一個比較划算，其實每個地區不同，而以峇里島國際機場計程車性價比，是Grab（優步）＞藍鳥計程車＞白牌車。

初次抵達印尼機場，如果想搭乘優步，但司機卻擔心被白牌計程車攻擊無法進機場時，該怎麼跟優步司機溝通在何處搭乘呢？既然機場搭車生態無法被改變，那只能改變自己，這裡要教各位怎麼走出峇里島國際機場，搭乘優步或藍鳥計程車。

首先，出國內線機場後左轉找到旅客服務中心（COSTOMER SERVICE），沿著旅客服務中心正前方的斑馬線往前走，左側會經過星巴克、漢堡王等商店，右邊會有數家非藍鳥、非優步計程車招呼站，可先在此詢問價格，如果想省時間可以直接上車，但搭車前還是建議先殺價。

若想更省錢，那就繼續往下走，通過第二條斑馬線後，會有一排穿制服或便服的計程車司機在此等候乘客，請笑著跟他們說「Thanks」忽略即可。然後順著右前方的馬路越過第三次斑馬線繼續往下走到底，會看到一個汽機車收費亭，在收費亭旁有個行人可以穿越的間隙，穿越此處即可步行離開峇里島國際機場。

如果想突破重圍，搭乘價格較划算的藍鳥或優步，需在出收費亭後右轉，沿著這條路走約5分鐘，左邊會出現清真寺（Masjid Al Ikhlas Bandara Ngurah Rai），清真寺的停車場通常會有藍鳥計程車停在此處，可以在這搭車，也可和Grab司機約在此上車。

若沒有托運行李，也可以考慮沿著Kemayoran路左轉接Dewi Sartika路，再轉Kartika路即可到庫塔市區最熱鬧的馬路上，沿路都是飯店、商店、海灘及百貨公司，這段路程若是走路當然免費，如果坐藍鳥計程車約Rp.20,000、坐白牌計程車約Rp.80,000，可以自行評估。

德娃旅遊資訊社（Dewa House Tourist Service）

德娃旅遊資訊社（DEWA HOUSE TOURIST SERVICE）

⌂ Jl. Monkey Forest No.68, Ubud, Kabupaten Gianyar, Bali 80571 Indonesia
☎ +62-812-3716-7966
🚗 步行或包車前往
$ 依各行程不同收費
⊙ 08:00-18:00

到峇里島旅遊如果不是跟團而是自助旅行，建議可以購買當地程。在購買當地行程時，通常只有單一景點的 1 日遊，且價格不公開透明，如原本 Rp.200,000 的行程，在透過各旅行社或路邊旅遊資訊報價時，會被抬高到 Rp.300,000 等狀況。因此，有了先前的經驗，日後在安排行程時也蒐集了不少資料，其中包含旅行社併團的旅遊行程。當地的團體行程都是由各個旅遊販售點（攤販）在各家分別販售後，再派一台車分別到不同的指定地點（可能是飯店或販售地點）載遊客前往，因此每個人的集合地點及價格都不盡相同。

這裡要介紹的「德娃旅遊資訊社」，他們除了是民宿業者，也有販售併團的團體行程，由於他們公開所有行程的價格，也讓旅客能對相關行程及價格有更進一步的了解。不過這間旅遊資訊社不接受電話預定行程，需要到現場才能購買，雖然在行程安排上會有不確定性，但也有更多選擇。既然是背包客，就抱著既來之則安之的心態吧！

此次在峇里島的當地行程都不是在「德娃旅遊資訊社」購買，這裡整理出的價格是希望能夠讓大家在選擇、比較行程時，能夠有比較的參考依據，在各位的峇里島之旅能有所幫助！

德娃旅遊資訊社其實不難找，沿著 Monkey Forest 路尋找即可，沿路上還有許多兜售行程的攤販，在詢問之下都是個人行程，礙於預算只好繼續朝德娃旅行前進。

這裡將德娃旅遊資訊社的旅遊團價格整理如下表，只要在訂購行程時提前一天到現場支付訂金，以確保隔日能順利出團。

德娃旅遊資訊社旅行團價格

團名	價格（Rp）	出發時間	參觀地點
Bedugul Tour	160,000	09:00	Mengwi（皇室） Sangeh（猴子森林） Perean（咖啡田） Umaluang（梯田） Bedugul（寺廟）
Singaraja Love Tour（浪漫之旅）	240,000	08:30	Mengwi（皇室） Perean（咖啡田） Bedugul（寺廟） Gitgit（瀑布） Lovina（峇里島北岸海邊） Banjar（溫泉） Munduk（瀑布湖泊）
Sunset Tour（日落行程）	150,000	14:00	Bongkasa（梯田） Sangeh（猴子森林） Mengwi（皇室） Gulingan（咖啡田） Tanah Lot（海神廟）
Kintamani（火山行程）	180,000	09:00	Goa Gajah（象窟） Tampak Siring（聖泉寺） Temen（咖啡田） Penelokan（看巴杜爾火山） Besakih（峇里島最大寺廟） Bukit Jambul（梯田） Klungkung（宮殿）
Uluwatu Tour（南峇里島之旅）	200,000	09:00	Lodtunduh（藝術畫廊） Mas（木頭工藝） Denpasar（博物館） Jimbaran（白沙灘） Uluwatu（寺廟）
Besakih East Part of Bali（東峇里島之旅）	200,000	08:30	Gianyar（紡紗手工藝） Klungkung（宮殿） Menange（咖啡田） Besakih（峇里島最大寺廟） Candi Dasa（寺廟） Tenganan（印度村） Goa Lawah（印度廟）

團名	價格（Rp）	出發時間	參觀地點
Besakih Mother Temple	160,000	09:00	Goa Gajah（象窟） Gianyar（紡紗手工藝） Bangli（寺廟） Menange（咖啡田） Besakih（峇里島最大寺廟） Bukit Jambul（梯田） Klungkung（宮殿）
Kintamani-Bangli Tour	180,000	09:00	Tegalalang（梯田） Gunung Kawi（卡威山） Tampak Siring（聖泉寺） Temen（咖啡田） Penelokan（看巴杜爾火山） Penglpuran（傳統村莊） Bangli（第二大寺） Goa Gajah（象窟）
Bedugul-Sunset Tour	240,000	10:00	Mengwi（皇室） Sangeh（猴子森林） Perean（咖啡） Bedulgul（布拉坦寺） Jati Luwih（梯田） Tanah Lot（海神廟）
Tanah Lot-Bedugul Tour	200,000	09:00	Mengwi（皇室） Tanah Lot（海神廟） Sangeh（猴子森林） Perean（咖啡田） Umaluang（梯田） Bedugul（寺廟）

白努亞海灣海上活動（Benoa Bay）

白努亞小丑魚。

魚群蜂擁而至。

白努亞海灣（Benoa Bay）

🏠 Jl. Pratama Tanjung Benoa, Nusa Dua Bali, Indonesia

📞 +62-812-36010169

🚗 包車前往

💲 北庫塔來回白努亞交通車Rp.200,000／車、
海底漫步Rp.350,000／人、
潛水Rp.300,000／房、海龜島門票Rp.10,000／車、
玻璃船前往海龜島Rp.350,000／船

🕐 08:00-16:00

🌐 https://www.tanjungbenoa.co.id/

📷 1日

行前交通

要在峇里島自助旅行，需要先安排好行程，可以請飯店櫃檯協助訂車，或是自行跟旅遊業者接洽。出發前幸運的用在地價格買到水上活動行程，有潛水、海底漫步和玻璃船遊海龜島等3個行程，同行的夥伴還加買

了漢堡飛船，價格還算公道。除此之外，也以Rp.200,000的價格談好來回接送的車輛，請司機於早上11點到飯店接送我們至白努亞沙灘。

白努亞海灣（Benoa Bay）位在峇里島東南角的努沙杜瓦（Nusa Dua），從峇里島本島要抵達此處，要先過一座跨海大橋，過這座橋的過路費頗高，不過都已含在當初談定的車費裡。車子停在Pratama路上的一家水上活動店家「Basuka」，整條Pratama路幾乎都是經營水上活動的店家，營業項目也都差不多，如果時間允許，建議先貨比三家，才不會吃虧。

這家Basuka是由印尼朋友推薦，

可事先在網路上查詢價格，並直接在網路上預定行程，如果是直接到現場看他們拿出來的價目表購買行程，價差從2倍到4倍都有！

到了Basuka後，就有位仲介熱情迎上前，拿出「昂貴」的價目表問需要什麼服務，我們將事前在網路上確定好的行程及價格之簡訊給他看，他看了之後二話不說地將網頁上的優惠價格騰在收據上。

水上活動：海底漫步、潛水、海龜島

我們一行人的第一項活動是海底漫步（Sea walker）。所謂的海底漫步就是在海裡走路，但如何能走得和在路上一樣平穩呢？很簡單，戴上一頂防水且能隨時換氣的「安全帽」就能下水了。這頂安全帽上頭接著一根很長的換氣軟管，幫助我們就算在海裡也能正常呼吸，但移動的範圍受限於軟管長度無法走太遠。

而觀賞的景點稱作「海底花園」，是由許多鐵欄杆圍著一座活珊瑚，所以只要沿著欄杆走絕不會迷路！這個潛點的特色活動就是固定餵食魚群，教練會在下水前把白吐司塞在防寒衣內，只要將白吐司的塑膠袋挖出一個洞，魚群就會一擁而上，看著瞬間衝上來的熱帶魚還真讓人害怕呀，不過牠們的目標是吐司可不是遊客！

海底漫步最特別的是用手觸摸活珊瑚！一般潛水都會戴上手套，這次教練沒讓我們戴手套，還示意要用手去感覺珊瑚，一放上去珊瑚居然大力地吸住我的手指，碰一下、吸一下，碰一下、吸一下，好像在逗弄珊瑚似的，這種感覺好特別！

結束海底漫步後，上船稍作休息，又換回原本的小船，等工作船駛離，換好重裝準備潛水，大夥一個個依教練指示撲通下水。教練說因為潛伴沒潛過，所以只能在名為「Tanjung Benoa」這個水下花園活動。這個地區水深約5-15公尺，離白努亞沙灘坐船約10分鐘，海面上相當平穩，是一個適合初學者潛水的地方，此地的夜潛也相當受歡迎。在教練的帶領下複習手勢，並仔細地聆聽注意事項，裝備穿戴好後，教練第一個跳下水，我是第二個，接著由船長協助新手潛伴下水，3人就一路往水下潛進。

這個潛點最特別的地方，就是周圍有以前留下來的雕像，這些水下雕像也成為現在魚群居住的家。從它們表面斑駁的花紋，就可以知道雕像已經長年在此了，如果在晚上來這夜潛，應該更有感覺！潛點跟剛剛海底漫步的地方相當接近，所以看到的魚群種類很類似，這次夾在防寒衣內的

吐司忘記拿出來，不然肯定有一群魚追著跑。

結束了海底漫步和水肺潛水後，準備搭玻璃船前往海龜島（Pulau Penyu Bali）！原本想像中玻璃船是一艘大船，水下的部分有透明玻璃，但一上船後幻想就破滅，原來所謂的玻璃船是一般的小船，只是在船艙中間開個小洞放上玻璃，可以透過玻璃看到視野有限的海底世界，加上光線被船身擋住、視野昏暗，令人感到有些失望，內心只盼望海龜島可以超乎期待。隨著小船在海上奔馳，船長很帥氣地詢問要不要試試開船的感覺，他放下船舵，我們輪流上去開船，穿梭在靠岸的輪船周圍，讓我有點緊張。大約行駛15分鐘，我們到了海龜島。

上了岸之後被指引到一家店門口，原來所謂的「海龜島」指的是島上有人專門養很多海龜，有點像私人的動物農莊參訪行程，門票一人Rp.10,000，但櫃檯上面明明寫Rp.20,000，為何我們比較便宜呢？在此地買票真是一門學問！

這裡的海龜真的頗多，一進櫃檯就有一位導覽員很熱心地用不流利的中文介紹，雖然他只會幾個簡單的形容詞，像是「大的、小的、公的、母的」，不過還大致聽得懂他在說什麼。除了大海龜，還有蛇、蝙蝠、貓頭鷹、鸚鵡等動物，就像是一座小型動物園。總的來說，想一次看到多種海龜的話，海龜島是個不錯的選擇，但要提醒大家，因為海龜島終究不是個野生動物能自由活動的自然環境，所以是不會看到野生海龜的喔！

參觀完海龜島的我們坐了15分鐘的船回到Basuka水上活動中心，仲介正在那等著我們，因為在出發前只付了一半的費用給他，他在等著收尾款呢。其實在印尼消費，當地人習慣要付全額，但對外國遊客來說，會擔心

水下花園步道。

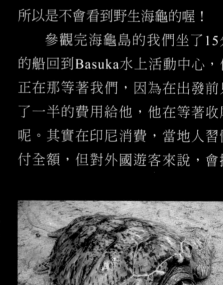

海龜。

老闆收到了錢就就不聞不問，因此若能先付部分、最後再付清，這是最好的選擇。

付清金額後，約1個小時車程，回到位於北庫塔的飯店，並用一天10小時Rp.500,000的金額和司機達成共識，預計隔天清晨4點出發去巴杜爾火山。不過，旅行總是會給人帶來意外的「驚喜」！正當一切準備就緒時，晚上司機大哥傳簡訊來說他明天休息（Day off），無法帶我們去了！看到這簡訊，真讓大家不知該如何是好。

聖泉寺（Pura Tirta Empul）

聖泉寺（Pura Tirta Empul）
- Jl. Tirta, Manukaya, Tampaksiring, Kabupaten Gianyar, Bali 80552, Indonesia
- 無
- 包車前往（一日Rp.720,000/車）
- 門票Rp.15,000/人
- 08:00-18:00
- 1小時

行前交通

確定取消火山行程後，選擇以優步前往聖泉寺。在旅館外用 App 叫車，很幸運地 5 分鐘內就有一台 Toyota 前來。一上車就先向司機說明目的地，司機說在峇里島只有庫塔、烏布容易叫到車，其他地方因為距離市區太遠很難叫車呢。心裡盤算著，若這司機沿途談吐正常，就讓他包下一整天的行程吧！從庫塔區到聖泉寺大約 2 個小時的車程，也許是因為星期日出遊的人較多，沿途遇到塞車。

參觀聖泉寺

聖泉寺位在峇里島上的坦帕西林（Tampaksiring）地區，是西元962年由Warmadewa王朝所建。這裡是印度教的宗教遺址，最著名的景點就是聖泉水，信奉印度教的人們相信經過聖泉的洗禮，會為自己帶來健康與財富。

關於這神泉還有另外一個傳說，過去曾有一名自大的國王馬亞・達那娃（Maya Danawa）和一群天神起了衝突，身為人類的國王為了打贏這場仗，便偷偷派人在眾神的酒裡下毒，這群原本想好好教訓國王馬亞・達那娃的天神們紛紛中毒，因過於虛

聖泉洗禮

聖泉寺紗龍借用處。

聖泉寺立碑。

後院Jeroan的印度教集會。

弱而無法戰鬥。此時，一名叫英得拉（Indra）的雷神，用祂的寶劍，在坦帕西林這地方的土地上一刺，地面隨即湧出清澈的泉水。眾神相繼飲用此泉水，並以泉水洗滌身體，中毒現象不藥而癒，同時也一鼓作氣地懲罰了馬亞·達那娃國王。

一到聖泉寺，在停車場的左方有售票口，購票每人Rp.15,000，買完票後入寺，沿途會有許多小攤販兜售紗龍。紗龍是印度教徒參觀印度教建築時每人必備的服飾，包住腰圍以下的部分以表示對該宗教的尊敬。通過剪票口後，正面即可看到一座小涼亭，在此可以借用聖泉寺提供給觀光客的公用紗龍，雖然顏色沒有小攤販販售的漂亮，若只是參觀而非印度教信眾，但在此借用即可。借用的收費隨喜，掏出Rp.2,000投入功德箱，服務員會將紗龍綁上你的腰際，做好這樣的打扮，即可順利近入印度教的神聖殿堂。

從入口走入，依序會經過前庭「Jaba Pura」、中庭「Jaba Tengah」以及後院「Jeroan」。在中庭裡有2座大小不同的池子，2座池子裡共有30個出水口，據說設置在小池子的最後一個出水口「Pancuran Cetik」是有毒的，即傳說中的毒藥，因此那座池子幾乎

沒有人，只有勇敢的觀光客為了取景踏入了該池子。

　　路上看到許多圍著紗龍的樹，據說這些樹受到惡靈的侵犯，用紗龍包起來代表正在淨身。繞了一圈後，我們沿出口路線離開，在出口周圍有一個街區專門賣紀念品，每位老闆都說「進來看看呀！便宜便宜！cheap、

cheap！」只要一停下腳步被老闆拉住，就很難脫身啦！

　　此地雖表定早上8點開放，但實際上早晨6點當地印度教信眾即可免門票入內參拜，這個規定主要是為了分流當地信眾以及觀光遊客，故若早點起床也可提早入場唷。

6

卡威山石像（Gunung Kawi）

卡威山石像（Gunung Kawi）

- 🏠 Banjar Penaka, Tampaksiring, Gianyar, Bali 80552 Indonesia
- 📞 +62-856-3795-229
- 🚗 包車前往（一日Rp.720,000 / 車）
- 💲 門票成人Rp.15,000 / 人、孩子Rp.7,500 / 人
- 🕐 08:00-18:00
- 🌐 無
- 📷 2小時

卡威山石像。

行前購票

　　卡威山巨石像位在坦帕西林（Tampaksiring）地區，但卡威山是較冷門的景點，連載我們的司機都說他沒來過這個地方。此景點為印度教廟宇，若有紗龍可以帶來以備使用，或者直接向寺廟借用觀光客公用紗龍。在停車場下車後，沿著大馬路

往售票口走去，抵達售票口前兩旁都是商家，兜售 Rp.20,000 的紗龍，如果有興趣可以購買。

　　每位成人票價Rp.15,000，購票後即可入場，在剪票口會有一個人剪

步道旁流水。

卡威山步道。

票，另一個人幫你披上紗龍。在卡威山不用擔心迷路，因為只有一條路筆直前進。有趣的是巨石像的所在位置，是在山中一處下凹的石窟中，因此入山時是一路走下坡階梯，但看到對向要離開的旅客每個都氣喘吁吁地往上爬的景象，已經能想像到等等回程的模樣了，因為卡威山的這段階梯總共有315階，真是一段好漢坡呀！

階梯兩旁有許多小商家販售他們的手工藝品，去程途中印象最深刻的就是木刻科摩多龍，刻得唯妙唯肖！

參觀卡威山石像、梅蘭廷印度教廟宇

走過一層又一層的階梯，終於來到石窟。卡威山古蹟相傳是11世紀時，為了紀念當時的國王Anak Wungsu所建立，人民在Pakerisan River兩邊河岸上鑿建約3層樓高的神龕（Candi），這些神龕其實意近佛教的浮屠塔，也就是墳墓。這墳墓內分別為國王和嬪妃的墓穴，在河的西方有4座供奉王后和嬪妃的神龕，河的東岸有5座神龕，此為國王的陵墓。石壁內並沒有任何遺物或骨骸，因為國王與王后的遺體早就揮灑於大海之中了。

走過Pakerisan River上方的小橋，可發現梅蘭廷寺，主要拜濕婆神、保護神以及太陽神。在這座梅蘭廷寺後方廣場，還有一個小石門，需要脫鞋才可進入，個人由於平時不常赤腳走路，加上地板又燙又硬，碎石頭也不少，覺得真是不太好走，只能盡量挑陰暗潮濕的地面前行。在石門內僅有幾個石洞，但石洞內空空如也，真令人匪夷所思。

看完神龕與梅蘭廷寺，差不多要回程了，回頭一看，還真的是315階梯天堂路！來時還輕鬆地看著對向的遊客，現在換被人家輕鬆看了！路途上看到兩邊有攤販在賣白色造型的

王后與嬪妃陵墓。

梅蘭廷寺印度教門。

雕刻很特別，停下腳步問老闆這是什麼？老闆說這是「Cow Bone」（牛的大腿骨）！以前只聽過販賣象牙相關製品，沒想到現在居然出現牛骨雕刻藝品，真是滿心歡喜，大老遠來了一趟峇里島也不想空手而回，便詢問價格，沒想到要價竟高達Rp.500,000，只好放棄，沿路又看到好幾間攤販在賣，再問了一次價錢，這次變成Rp.200,000！越往出口走越便宜耶！最後有家位在轉角的攤販老闆開價1個Rp.150,000，2個Rp.200,000，和夥伴便一人買一個、很有成就感的離開，結果在出口，也就是入口第一家攤販，老闆看我們手上有類似形狀的包裝，他就指著他的牛骨，Rp.50,000，於是我又買了一個，湊成一對！

7

象窟（Goa Gajah）

結束了卡威山行程，繼續前往象窟。為何稱作象窟？因為這邊有一個石窟，其造型像一隻大象而得其名。此石窟是在9世紀建造蘇巴克灌溉系統（印尼峇里省境內的一整套稻田水利管理系統）時，當作避難所而建設，為達到保護的意象，而將外觀雕刻成一隻兇猛的生物，由於在眾人眼中看起來是大象，因此取作名為「象窟」。

象窟。

象窟大門。

象窟（Goa Gajah）

🏠 Jl. Raya Goa Gajah No.99, Kemenuh, Sukawati, Kabupaten Gianyar, Bali 80582 Indonesia

📞 +62-859-3533-5003

🚗 包車前往（一日Rp.720,000／車）

💲 門票成人Rp.15,000/人、孩子Rp.7,500/人

🕐 07:30-18:00

📷 1小時

象窟便是面對池子左手邊那個巨大雕刻的洞穴，洞穴內放入印度教標誌「陽具」，成為古代僧侶修行之處。走入洞內相對陰暗潮濕，加上空氣無法對流，所以呼吸起來有種神祕的味道。

參觀過象窟後持續往後走，逐漸往山下移動，在此處找到了一座小寺廟，看見從寺廟走出來的人額頭和胸口前都有米粒，便好奇地往內一探究竟，原來裡面有位奶奶在幫遊客「做法」。一走近，奶奶便邀請我們體驗，她先滴幾滴水在我們身上，然後口中念念有詞，最後用沾濕的米飯分別押在額頭和胸口，儀式便算結束。此時奶奶翻起供桌上的桌墊，桌墊下壓著幾張千元印尼盾，可能是要收取香油錢，拿了一張Rp.5,000給她，結束了這一站。

有了前面經驗，看到售票亭可是熟門熟路，掏出Rp.15,000購票，在入口剪票，若穿短褲需綁上紗龍，若穿長褲則在腰間繫上紗龍腰帶。沿著階梯往下走，馬上可看到參天古木，樹下就是水池，而池中的女神雕像據說是1954年時才被挖出來，保留得相當完好。

歐卡媽媽烤豬飯（Ibu OKA, Ubud）

歐卡媽媽烤豬飯（Ibu OKA, Ubud）

🏠 Jl. Suweta, Ubud, Kabupaten Gianyar, Bali 80571 Indonesia

📞 +62-361-976345

🚗 包車前往（1日Rp.720,000／車）

💲 Rp.60,000

🕐 11:00-18:00

📷 無

📸 1小時

烏布的午餐吃什麼呢？必須推薦這家烏布市區最著名的烤豬飯「OKA」！它已經有名到沿著烏布皇宮連開 3 家分店。

雖然伊斯蘭教不吃豬肉，但在峇里島信仰伊斯蘭教的人口相較於其他區域少，因此滿多華人會在此品嚐豬肉料理。這家烤豬飯之所以深受喜愛，除了豬肉在此地難得一見外，由於多汁的豬肉搭配辣醬汁，大口咬下會有肉汁滲出來，熱量雖高但十分美味，所以受到歡迎，難怪可以連開3家，到現在想起來，仍口水直流。

歐卡媽媽烤豬套餐。

歐卡媽媽店門口。

9

烏布市集（Pasar Ubud）

烏布市集（Pasar Ubud）

🏠 Ubud, Kecamatan Gianyar, Ubud, Kabupaten Gianyar, Bali 80571 Indonesia

🚗 包車前往（1日Rp.720,000 / 車）

💲 免費參觀

🕐 18:00-18:00

📷 2小時

烏布市集內金屬飾品區。

吃飽喝足後前往烏布市集。烏布市集位在烏布皇宮對面，這座市集是一個很大的街區，Raya Ubud 路和 Monkey Forest 路這兩條路所包圍的範圍都是市集，小攤販很多非常好逛，如明信片、玩具、服飾、特色文創產品等應有盡有，但購買時請記得殺價，殺價在此真是一種學問呢。我在這裡買了明信片、木雕時鐘和上課用的雷聲筒，離開前在路邊看到一位小男孩，他就這樣躺在亭子內，街區內的熱絡景象與這畫面產生強烈的對比，在印尼的貧富差距應該也不小吧！

10

烏布皇宮（Ubud Palace）

烏布皇宮（Ubud Palace）

🏠 Jl. Raya Ubud No.8, Ubud, Kabupaten Gianyar, Bali 80571 Indoneisa

🚗 包車前往

💲 免費參觀

🕐 08:00-19:00

🌐 http://www.ubudpalace.com/

📷 1小時

沿著 Monkey Forest 路走到底，經過足球場後就會到達烏布皇宮，這裡不需購票即可自由進出。烏布皇宮原名是「Puri Saren Agung」意思是「華麗的宮殿」，後來為配合發展觀光，將印尼文改為英文「Ubud Palace」。

10分鐘，但周遭店家是以此為中心向外擴散，也形成了商業繁榮的烏布市區。在烏布皇宮西邊，過了馬路便是水宮（Pura Taman Saraswati），水宮周圍開滿蓮花，左右對稱，一條通道直往大門，也是峇里島的重要地標，在許多峇里島明信片上會欣賞到它的身影。

烏布皇宮。

「Ubud」這個詞源自於「Ubad」，意指醫學，自8世紀以來都是峇里島上最著名的宗教信仰中心。這裡是早期烏布皇室居住的地方，烏布皇宮、聖泉寺等，都是印度教在此的遺跡，為烏布的「Campuhan」，象徵著擁有權力與信仰的中心的地區。

　　烏布皇宮占地不大，但有許多建築的門禁止進入，走完全宮只需要約

烏布皇宮石像雕刻。

魯基桑美術館（Museum Puri Lukisan）

魯基桑美術館（Museum Puri Lukisan）

🏠 Jl. Raya Ubud, Ubud, Kabupaten Gianyar, Bali 80571 Indonesia

📞 +62-361-971159

🚗 走路前往

💲 門票Rp.85,000／人

🕐 09:00-18:00

🌐 http://museumpurilukisan.com/

📷 1小時

Indonesia

於此處票價跟當地其他景點相比，價位較高，因此若是跟我一樣美術素養不足，或是預算上稍有限制的朋友，建議自行斟酌是否入內參觀。但若是對峇里島現代畫作很有興趣的藝術愛好者，推薦您不妨來魯基桑美術館走走喔！

穿越水宮再往西走，即可看到魯基桑美術館，這間美術館建於 1954 年，是峇里島上第一家私人博物館，最著名的一幅畫是藝術家 Sobrat 描繪峇里島市場的日常一景，可以說是峇里島現代藝術的起源。整個館內分為東西南北棟，門票 Rp.85,000，能抵餐廳飲料一杯。此外，Sanur、Batuan 以及當地年輕畫家和當地 Keliki 藝術學校的作品都收藏於此。讓人印象最深刻的是早期用布作畫的歷史藝術品，而其館內所收藏的木雕與繪畫也都是延續峇里島藝術不可或缺的寶藏。

門票雖然可抵一杯飲料，但小吧檯沒有菜單，只會問要咖啡或茶，不過另外問有沒有檸檬茶，也給了一杯檸檬茶，也看到有些人點白開水。由

魯基桑美術館立體作品。

12

邦喀薩梯田（Bongkasa）

邦喀薩梯田（Bongkasa）

🏠 Jl. Raya Sayan, Sayan, Ubud, Kabupaten Gianyar, Bali 80571 Indoneisa

🚗 包車前往

💲 含在日落行程內，當地自然景觀免門票

🕘 09:00-18:00

📷 30分鐘

峇里島邦喀薩梯田。

邦喀薩階梯式灌溉。

下午2點，日落行程專車準時抵達飯店樓下，一上車後發現整車只有2人，司機說因為今天訂這行程的人只有2個。只花Rp.150,000能搭到這麼寬敞的包車，真是賺到了！第一站先抵達位在Raya Sayan路路邊的梯田（Sayan Rice Terrance），這區稻米梯田位在Sayan村。

印尼主食以米飯為主，但峇里島地形山多平原少，能種植稻米的平地不多，因此許多丘陵地善用梯田種植以增加農地面積，並利用重力將水引到高處由上向下灌溉，藉此節省許多人力，增加稻米產量，因此峇里島四處容易見到梯田景觀。

邦喀薩梯田知名度雖不如Pacung梯田或是Tegalalang梯田，但美景卻絲毫不遜色！也因此觀光客不多，路旁只停了我們這台專車，頓時有種我們包下了整座梯田的錯覺。走在田埂時，要小心腳步，別踩空落水，不然整雙鞋都會沾滿爛泥巴。待用相機記錄下美麗的梯田景致後，才又繼續前往下一站。

孟格威宮殿（Taman Ayun Temple, Mengwi）

孟格威宮殿（Taman Ayun Temple, Mengwi）

🏠 Jalan Ayodya No.10, Mengwi, Kabupaten Badung, Bali 80351 Indonesia

🚗 包車前往

💲 交通含在日落行程內，居留證門票 Rp.10,000/人、外國觀光客 Rp.15,000/人

🕐 09:00-18:00

📷 30分鐘

有座位在孟格威地區（Mengwi）的皇室家族宮殿（Royal Family Temple），稱為「阿雲寺」（Taman Ayun Temple），出示居留證門票 Rp.10,000。這個宮殿占地比市區的烏布皇宮大得多，可能因為此處是家族宗祠，需要較大的空間才足以讓整個家族葬在一起吧。根據孟格威編年史（Lontar Babad Mengwi）記載，這座阿雲寺建於 1634 年，命名為「Ayun」是指「能夠實現願望」的意思。這座寺廟主要供奉 Misnu 神，共有 11 層高，第 11 層是祭拜山水神，供奉位置越高，代表地位越崇高。而這座寺廟因為位置關係，很常作為到達海神廟之前的中繼站之一。

孟格威宮殿。

孟格威宮殿大門。

古寧桿咖啡田（Taman Ayu Sari, Gulingan）

古寧桿咖啡田（Taman Ayu Sari, Gulingan）

🏠 Jl. Kamboja, Gulingan, Mengwi, Kabupaten Badung, Bali 80351 Indonesia

📞 +62-878-6248-1931

🚗 包車前往

💲 交通含在日落行程內，居留證門票Rp.10,000/人、外國觀光客Rp.15,000/人

🕐 09:00-17:00

🌐 https://luwak-coffee-taman-ayu-sari-agrotourism.business.site/

📷 30分鐘

下一站是古寧桿咖啡田，又稱麝香貓咖啡田，位在 Kamboja 路。一下車便有一位親切的導覽員迎上前，他先教大家認識阿拉比卡咖啡，再介紹麝香貓。麝香貓吃了阿拉比卡咖啡豆後會排出排泄物，將排泄物中無法消化的咖啡豆清洗、烘焙即成了麝香貓咖啡豆。參觀過程中最讓人印象深刻的是，導覽員準備了山竹、椰子咖啡、峇里咖啡、可可等 12 種不同風味的飲料讓大家試喝，若喜歡可以買些回去，我當場買了山竹粉末作為伴手禮，準備帶回辦公室分享。每包售價 Rp.200,000，這時導覽員又說買二送一，所以又挑了可可和椰子咖啡。

麝香貓。

咖啡試喝。

猴子森林（Sangeh Monkey Forest）

猴子森林（Sangeh Monkey Forest）

🏠 Jl. Brahmana, Sangeh, Abiansemal, Kabupaten Badung, Bali 80353 Indonesia

📞 +62-812-3635655

🚗 包車前往

💲 交通含在日落行程內，成人門票Rp.50,000/人、孩童門票Rp.40,000/人

🕐 07:30-17:00

🌐 https://sangeh-monkey-forest.business.site/

📷 2小時

猴子森林。

Sangeh猴子森林大門。

下一站為 Sangeh 猴子森林（Sangeh Monkey Forest），這座猴子森林常被拿來與烏布猴子森林作比較。烏布猴子森林位在 Padangtegal 村莊，該村莊將猴子森林視為其經濟、教育、精神和復育的中心。該園區占地 12.5 公頃，有超過 700 隻的猴子和 186 種樹木。而今天所參觀的 Sangeh 猴子森林，號稱是真正的猴子森林，不僅占地較大有 14 公頃，且此處的環境較野生自然，還有一個優點是這裡人潮較少，拍照也比較方便。

此處的猴子會搶食遊客塑膠袋中的食物，所以貴重、體積小的東西要看好，最好放進背包保護好。一打開車門，就看到有幾隻猴子在車外虎視眈眈，後來有一位持棍棒的導覽員來了，一邊用棍子驅趕猴子，一邊幫我們買門票，買票時出示居留證有優惠。

導覽員沿路介紹這邊的猴子數量、環境，並示範如何餵花生，拿一

顆花生放在手上，伸手做出握手的姿勢，猴子會主動伸手跟你拿花生，感覺訓練有素！但餵沒幾顆原本的猴子就被趕走了，因為尾巴翹得最高的猴王來啦！

繞了一圈後回到商品區，每位導覽員有個對應的店家，會「要求」進去買點東西，所以勉強買了一個Rp.50,000的磁鐵，老闆就放人離開了。隔天在烏布市集查價，一模一樣的磁鐵只要Rp.10,000即可買到，最後的購物行程真令人無奈！

---

⑯ 海神廟（Tanah Lot）

海神廟。

海神廟（Tanah Lot）

🏠 Beraban, Kediri, Kabupaten Tabanan, Bali 8217 Indonesia
📞 +62-361-880361
🚗 包車前往
💲 印尼公民（WNI）6-12歲Rp.15,000 / 人
　　　　　　　　成人Rp.20,000 / 人
　　印尼公民（WNI）6-12歲Rp.30,000 / 人
　　　　　　　　成人Rp.60,000 / 人
🕐 07:00-19:00
🌐 https://tanahlot.id
📷 2小時

最後一站是到世界知名的海神廟看日落。海神廟是印尼峇里島「六大廟宇之一」，廟宇因蓋在海水沖刷形成的大岩石上，遇到漲潮通道就會被海水覆蓋，此廟的印尼原文為「Tanah Lot」就是「海中的陸地」之意。海神廟同時也是峇里島「七座濱海廟宇之一」，據說是15世紀由一位神職人員 Danghyang Nirartha 所建立，他在這附近旅遊時發現這塊岩石發出耀眼光芒，所以決定在此休息，而他又認為此處可以祭拜海神，因此吩咐漁夫們在此建廟。

進入海神廟也需要買門票，出示居留證後的價格是Rp.10,000。進入收票口後沿著指示會經過一條商店街，路的兩旁都是商家還滿熱鬧的，但是建議在此消費還是記得要殺價！走到商店街底就能看到印度教的善惡門，前方岩岸地形上有一座高聳的大石，很多人在排隊，那裡就是海神廟，還有人在附近拍婚紗呢！為何海神廟前

會聚集這麼多人呢？原來是在排隊希望獲得聖水加持。現場有幾位祭司用聖水、白米、雞蛋花幫遊客及信眾祈福，接受儀式完要放點小費，沒放的話，他們還會提醒你呢！

結束了取聖水儀式，海岸遠方的太陽已隱沒於雲朵當中，今天的海神廟日落失敗了！雖然有些可惜，但因為當天已去了烏布皇宮、孟格威宮殿、猴子森林等景點，行程安排和心情上都已感到非常充實，這樣就夠啦！逛過海神廟後就搭原車回到烏布，結束半日日落行程。

17

攝影課程（Bali Photo Tour）

攝影課程（Bali Photo Tour）

🏠 Jl. Monkey Forest No.11A, Ubud, Kabupaten Gianyar, Bali 80571 Indonesia

📞 +62-811-1331-255

🚐 包車前往

💲 半日遊 / 相機拍攝USD140、手機拍攝USD80
1日遊 / 相機拍攝USD220、手機拍攝USD130

🕐 05:00-14:00

🌐 http://davidmetcalfphotography.com/

📷 9小時

在峇里島旅行的日子，除了已介紹的水上活動與人文歷史寺廟1日遊外，還有許多課程讓遊客體驗，如瑜珈課程、烹飪課程、繪圖課程及攝影課程。這趟選擇了攝影行程，會知道這個行程是先前在烏布皇宮附近的 **Monkey Forest** 路上拿的行程表。由於好久沒接觸專程攝影，對這次的攝影行程是既期待又怕受傷害，期待的是攝影師 Nyoman 獨家攝影角度與路線，害怕的是自身鏡頭裝備與攝影技巧的不足。

黃金梯田

早上5點，準時的Nyoman開著車到旅館樓下，一路上介紹今日的行程，並詢問去過哪些景點，還有使用哪台相機及攜帶哪些鏡頭。在昏睡中到了攝影課的第一站，周圍梯田環

金黃稻穗佐阿貢。

阿貢火山日出。　　　　　　黃金光。　　　　　　　　　　　聖泉寺。

繞，遠方的阿貢火山矗立在雲霧當中，前方剛好是一個地塹，清晨的低溫搭配晨間的露水，從地塹升起的薄霧將阿貢火山遮蔽地若隱若現，增添了幾分神祕感。此時太陽從東方緩緩升起，灑落在整片的金黃的稻穗上，能看到這樣的美景，正所謂早起的鳥兒有蟲吃呀！

產業道路兩旁皆是彎腰駝背的金黃稻穗，清晨上工的農人已經在水稻田內奮力工作，親切且專業的Nyoman教我操作沒使用過的BKR（多重曝光）功能，利用腳架固定，運用不同的曝光條件拍出地景、遠山以及天空3種風貌，學會這招，交出去的費用就值得了！一步步往地塹走去，清晨的露水也從葉緣泌出，好一個峇里島的早晨！Selamat Pagi, Bali（早安，峇厘島）！

一日最美的早晨就貢獻給這黃金梯田（Rice Fields and terraces）與阿貢火山（Gunung Agung）所構成的美景，太陽逐漸升起，從旁經過跟我們打招呼的機車騎士越來越多，上了車後，轉戰下一個地點——聖泉寺。

聖泉寺

雖然不久前才來過聖泉寺，但這次來得特別早，早上7點連售票的工作人員都還沒上班，我們就隨意進出這座印度教寺廟。虔誠的教徒Nyoman指引著我們披上紗龍，一路從前庭貫穿進入中庭，兩個池子依然湧出泉水，在地人也是一大早就在此用聖泉洗淨自己，祈求平安健康。

在Nyoman的帶領下，還看到了上次沒注意到的泉水湧出口，在一大片池塘中不仔細看還真看不到。早晨的聖泉寺與上次上午10點的聖泉寺截然不同，多了一分靜謐與莊嚴，或許觀光客少一點，才能體會到此處的原汁原味吧！

傳統市場。

峇里農忙。

印度教陰陽門。　　　　　傳統市場日常挑選。

梯埔馬那生態。

傳統市場

　　結束了聖泉寺的行程，下一站是傳統市場。這次的傳統市場（Pasar Tampaksiring）位在聖泉寺下方不遠處，在Nyoman熟門熟路地帶領下，前往市場中心走去，兩旁的攤販與他相當熟識，每位都能跟他聊上幾句，也或許是有這樣的信任基礎，在鏡頭前的當地主角們也都特別自然與親切，很少躲開鏡頭，有些甚至會跟你要到時候洗好的照片呢！

　　結束了市場拍照活動後往瀑布移動，不知道是睡太少，還是太早起床，此時已有點精神不繼地在車上小睡，Nyoman忽然問要不要在這邊拍農

傳統市場（Pasar Tampaksiring）

🏠 Jl. Pertiwi Brata No.200, Tampaksiring, Kabupaten Gianyar, Bali 80552

忙時的畫面，早上是黃金稻穗日出佐阿貢火山美景，現在是收割忙碌佐插秧。能跟著攝影師玩峇里島，也是一種享受！

梯埔馬那瀑布

　　梯埔馬那瀑布（Tibumana Waterfall）是一個在地人才知道的瀑布景區，門票也不貴，人也不多，售票口還在整修，售票口前還有工人爬上5層樓高的樹木修整樹枝，一路向下走向山谷，遠處傳來流水的隆隆聲，就

激水湍石。

印度教遺跡廣場。

峇里印度教傳統舞蹈。

知道離瀑布不遠了。走過幾座木橋，筆直細長的瀑布就在眼前，這樣規則的瀑布好不自然，好像畫畫比賽在山中畫出一條直線似的，利用長時間曝光拍下來的瀑布好像一絲絲的龍鬚糖，想念起臺灣的美食了。

　　而瀑布的下游則有一小段的激流湍石，有個年輕小夥子圍著一條似布非布的方格當裙子在此釣魚。正所謂下山容易上山難，剛剛沿途的向下階梯成為往上爬，一步一腳印，終於走回了入口。坐在旁邊的發呆亭喘息一下，看著來往的工人用自己強而有力的頂上功夫舉起一塊塊笨重的建材，這樣的技巧還真是不好學呢。

印度教建築遺跡

　　離開瀑布也已經接近中午11點了，繼續前往戶外的最後一個景點，是17世紀留下的古老印度教建築遺跡。穿過池塘稻田，走下長滿青苔的石頭路，一個不小心還會滑倒，

Nyoman說曾經有人從石頭上滑落至山谷下，走路時小心為妙。走到了石頭上爬滿青苔的印度教建築前，這樣樹林蓊鬱的小祕境，應該不會再有機會來到此了，正是因隱沒在深山裡，才能將這歷史古蹟保存得如此完善。

　　結束了17世紀印度教遺跡的參訪後，最後一站就是Nyoman家準備的印尼道地料理及傳統舞蹈。印尼料理真的夠嗆辣，不小心吃到辣椒更是令我滿身大汗呢！他的家裡擺滿了他自己的攝影作品，屬於大家庭式的居住環境，偌大的庭院是家人共同使用的空間，村莊內的3歲及5歲小女孩換上傳統服飾，帶來一段精彩的傳統舞蹈表演，也吸引其他小朋友圍上來一同欣賞，大夥兒眼睛都睜得炯炯有神。表演結束後，Nyoman帶我們回到烏布畫廊，結束這趟峇里島攝影行程。

04

渡假勝地——龍目島

(Pulau Lombok)

「Indonesia Map」

龍目島 3 天 2 夜建議行程規劃

D1 吉利群島 1 日遊 (巡航、潛水、逛街)

D2 粉紅沙灘 → 馬猶拉公園 → 西努沙登加拉省博物館 → 哈伯沃特汗大清真寺

D3 絲網瀑布 → 手織品工廠 → 湯盅安海灘

「Indonesia Map」

龍目島 2 天 1 夜建議行程規劃

D1 抵達龍目島機場 → 德拉旺安島 → 翁拜日落酒店 → 無賴海鮮餐廳

D2 德拉旺安浮潛 → 龍目島伊斯蘭中心清真寺

Ombak Sunset, Lombok

① 地區介紹

龍目島印尼文為「Pulau Lombok」，是小巽他群島（Lesser Sunda Islands）中的其中一個島嶼，為印尼西努沙登加拉省（Nusa Tenggara）管轄，東邊是松巴哇島（Pulau Sumbawa），西邊為著名的峇里島（Palau Bali），面積 4,735 平方公里，人口已超過 240 萬人。島上最高峰為林賈尼火山（Gunung Rinjani），標高 3,726 公尺，中南部以平原為主，南部沿海為石灰岩地形。

龍目島在百年以前由峇里島上的印度教王國統治，1891年當地居民在荷蘭東印度公司的協助下反抗統治者，並於3年後併入荷蘭東印度公司管轄。島上最大城市為馬塔蘭（Mataram），位在

龍目島本島西側，原本龍目島機場也在此，但受限跑道未達3,000公尺，且不敷使用，已於2011年轉移至位在中部的新機場「龍目島國際機場」（Lombok International Airport）。但因新機場周圍較為荒涼，若要從新機場到西馬塔蘭、南庫塔或東龍目，皆須耗費1小時左右的車程。

龍目島上旅遊景點眾多，被視為未開發的峇里島，從本島上的森林資源、瀑布景觀、林賈尼火山歷險，延伸到海線的粉紅沙灘、浮潛＋潛水及吉利群島，可說是好山好水好精彩。初次抵達時，建議先安排旅行社的1日行程，以熟悉島上作息。

② 機場交通及路線

龍目島機場地圖。

臺灣無直飛龍目島班機，須從印尼當地前往。到龍目島有 2 種交通選擇，一種是搭國內直飛班機，另一種是從峇里島搭船前往。而個人這次計畫的行程是搭飛機前往，下飛機後搭車直奔聖吉吉（Senggigi），再搭船轉往目的地德拉旺安島（Gili Trawangan）。下面將介紹如何從龍目島國際機場轉乘巴士及公共船。

從印尼搭國內直飛班機前往

國內班機有從雅加達、泗水、望加錫、峇里島等主要機場直達龍目島國際機場，票價約Rp.500,000元。若在白天從爪哇島的雅加達、日惹、泗水出發又坐在右側靠窗，可以一覽周

峇里島巴杜爾火山及火口湖。

圍火山景色，特別是從泗水飛往龍目島，坐在右側很有機會依序看到東爪哇上的布羅莫火山、宜珍火山，再看到峇里島上巴杜爾火山、阿貢火山。

從龍目島國際機場轉乘巴士、公共船

抵達龍目島機場後，若趕時間，可搭計程車或包車離開機場，由於

我不趕時間，所以選擇搭乘公共巴士（Damri Bus）。過了入境出口轉彎，就馬上發現巴士售票處，但買了車票卻不清楚搭車處在哪，只好跟著前面買票的大哥屁股後面走，還真的在停車場找到了公共巴士上車處。上車前除了跟司機先生確認是否到聖吉吉外，他還好心地幫忙把行李拖上巴士，等了約5分鐘，車上的乘客八成滿後，司機便關上門出發囉！

出發後看著大家手上拿的票都是藍色的，只有我是紅色的，還一度擔心是不是坐錯車了，幸好坐在我右前方一位來自雅加達的女背包客也是拿著紅色車票。猜想，藍色車票可能是到馬塔蘭Rp.25,000，紅色車票Rp.35,000則是前往聖吉吉。不出所料，巴士沿著雙線道一路從郊區開進馬塔蘭市區，停在馬塔蘭總站（Terminal Damri），一票手持藍色車票的乘客下車，瞬間車上只剩3人。

從機場搭了快1小時的車抵達終點站聖吉吉後，換搭計程車至「邦梭港」（Bangsal Harbor），車程約30分鐘、車資約Rp.100,000。由於港口邊禁止車輛進入，司機會在近港口處讓乘客下車，此時請不須理會路邊攬客的馬夫，逕自步行至港口即可，路程僅不到10分鐘。到港口買船票時，也請認明寫著「Bangsal Ticket Office」（邦梭港售票櫃檯）的招牌，不要誤入寫著「Public Ticket Office」的售票處，因為那是私船，除非趕時間非搭不可，不然票價可是貴了近30倍呢！

上船前，左右兩旁會有人想幫你提行李，但這服務不是免費的，如果讓他幫忙，就要給Rp.10,000小費唷！搭船需要沿著沙灘涉水上船，所以要注意鞋子和行李接觸海水的問題。由於船位不固定，可以跟喜愛太陽的歐美人一樣坐在船頭做日光浴，也可以選擇坐在船艙內。靠近船尾的位置引

龍目島機場。

Damri公車。

公共船。

公共巴士時間表

Damri Bus	票價	營業時間	備註
Bandara Internasional Lombok – Pantai Senggigi（機場－聖吉吉海灘）	Rp.35,000	07:00-22:00	每小時發車，路程約1.5小時
Bandara Internasional Lombok – Terminal Bis Mandalika Mataram（機場－馬塔蘭）	Rp.25,000	07:00-22:00	每小時發車，路程約1小時
Bandara Internasional Lombok – Selong（機場－瑟隆）	Rp.30,000	07:00-22:00	路程約1小時
Bandara Internasional Lombok – Ampenan（機場－安佩南）	Rp.35,000	07:00-22:00	路程約1小時

邦梭港公共船資訊（去程）

路線	票價	
Bangsal Lombok - Gili Air（邦梭港－艾爾島）	Rp.12,000	滿40人發船 營業時間08：15-16：30
Bangsal Lombok - Gili Meno（邦梭港－美諾島）	Rp.14,000	
Bangsal Lombok - Gili Trawangan（邦梭港－德拉旺安島）	Rp.15,000	

邦梭港公共船資訊（回程）

路線	票價	
Gili Air - Bangsal Lombok（艾爾島－邦梭港）	Rp.12,000	滿40人發船 營業時間08：15-15：00
Gili Meno - Bangsal Lombok（美諾島－邦梭港）	Rp.14,000	
Gili Trawangan - Bangsal Lombok（德拉旺安島－邦梭港）	Rp.15,000	

擎聲大，但比較穩，靠近船頭上下搖晃較厲害，就看每個人的考量囉！這公共船除了載人外，也會載島上的生活必需品或是建材，看到有人帶整籃的水果及建築需用的鐵皮上船，船隻乘載功用真多樣化！航行約40分鐘就到了德拉旺安島，船速還挺快的。

從峇里島搭船前往

前往德拉旺安島，除了上述飛機轉陸路交通再換船運外，還可以考慮從西邊的峇里島搭船前往。在峇里島可搭船的港口有巴丹拜港（Padang Bai）、艾湄港（Amed）、薩努爾港（Sanur）和瑟拉南港（Serangan），其中位在峇里島北部的艾媚港因距離德拉旺安島較近，故行程較短；從峇里島南部的薩努爾港出發的航班，中途會停留濂波南（Lembongan），若選擇搭乘，請多加注意時間上的安排。船運的部分已經針對外國觀光客設計成英文網站，須在出發前1天提早訂票，訂票連結為https://www.gilitickets.com/。

3

吉利群島 1 日遊（Lombok Gili ATM）

吉利群島 1 日遊（Lombok Gili ATM）
- Gili Indah, Pemenang, Kabupaten Lombok Utara, Nusa Tenggara Bar. 83352 Indonesia
- +62-818-0572-8107
- 包船前往
- 1日行程Rp.450,000 /人、潛水Rp.500,000 /人（自選）
- 05:00-14:00
- https://www.lombok-eccotour.com/
- 10小時

吉利群島簡介

拜訪過龍目島及周圍島嶼好幾次，回憶初次的龍目島之旅，是先安排參觀西北方的吉利群島（請參考3天2夜行程規劃）。吉利群島包含德拉旺安島（Gili Trawangan）、美諾島（Gili Meno）及艾爾島（Gili Air）3座小島。在印尼很常聽到「Gili」，其實 Gili 這詞是龍目島當地原住民莎莎克（Sasak）族語中的「島」，而不是印尼語中「kiri」左邊或左轉的意思。剛到印尼時知道「kiri」是「左邊」讀「ㄍㄧㄅㄧˋ」，「kanan」是「右邊」讀「ㄍㄢㄋㄚˋ」，又看地圖，正巧

龍目島上左邊有德拉旺安島、美諾島和艾爾島3個島，起初還以為是左邊島嶼的意思，後來才知道誤會大了！

組成吉利群島的3個小島各有特色，美諾島是面積最小的島嶼，但因島中央有一座鹹水湖，長年吸引許多蚊子，又有「蚊子島」之稱；艾爾島上樹木茂盛，比起其他小島涼爽許多，為三島中的行政中心；德拉旺安島則是最大島，近年來有許多觀光客前往觀光，但也因島上人數眾多，毒品氾濫曾是此地的一大問題。這3個島皆各有絕佳的潛點，是許多潛水人夢想前往的地方。

德拉旺安島潛水海龜。

暢遊德拉望安島

此次旅行選擇在「Lombok Eco Tour」旅遊網站預約1日行程，並由當地人Wayan擔任導遊。要注意的是，1日行程畢竟有時間上的考量，所以雖名為「吉利群島1日遊」，仍然可能因當天的活動情況而僅玩到其中一個島嶼。若是希望充分體驗跳島行程的人，建議多安排1-2天的時間。以下將分享旅行當天至德拉望安島的旅遊經過。

一進入德拉旺安島，便被這純樸的街容吸引住了，整座島上沒有機車及汽車，交通工具僅有腳踏車與馬車，這或許是島上能保持純樸樣貌的

私船前往德拉旺安島。

主要因素之一吧！行程裡包含在這浮潛，但因為同行的夥伴以及我都沒戴隱形眼鏡，導遊也沒準備有度數的面鏡，因此放棄了浮潛行程。我們詢問是否可以潛水，Wayan幫忙找了合作的潛水店「Big Bubble」，Big Bubble是PADI（Professional Association of Diving Instructors；潛水教練專業協會）認證的潛水店，除了有PADI的專業教練指導外，還提供專業的設備。

同行的夥伴雖然沒有潛水執照但也想嘗試，教練說可以多上1.5小時的潛水課程，然後到水下約12公尺的海

域作導潛，價格為Rp.950,000，包含一支氣瓶用於泳池練習及一支氣瓶用於船潛。而我因為有進階潛水執照，教練建議我跟另一位愛爾蘭潛伴去28公尺深的潛點看鯊魚及海龜，當然二話不說答應了，一支氣瓶用於船潛的價格是Rp.500,000。相關訊息請參考其官網：http://www.bigbubblediving.com/

　　中午12點開始泳池訓練，13:30出海探險。PADI的訓練頗為紮實，先有半小時左右的解說，讓初學者認識水下手勢以及水下呼吸的重要性。後面的1小時則是穿戴裝備，並實際執行水下動作，如：耳壓平衡、呼吸管撿回、除霧、BC（Buoyancy compensator；浮力背心）使用等基本動作。訓練後教練會評估是否適合下水，若認為練習不充足也不會勉強，還是會退回一半的價格，算是滿合理的服務。

　　出海時間一到，教練3人分別帶

3組不同潛點的潛客進行不同地點的介紹，換裝後穿越沙灘登船，乘風破浪開了20分鐘抵達第一個潛點，也就是下28公尺的AOW（Advance Open Water；進階開放水域，有進階開放水域潛水執照者，才可潛入較深的海域）目的地，第二組是潛18公尺的OW（Open Water；開放式水域，有初級開放水域潛水執照者，才可進行的潛水海域）潛點，第三組則是水下12公尺的Dive Guide（導潛，是由有潛水長等級以上的人帶領沒有潛水經驗者的體驗活動）。以前船潛都是前腳跨出去入水，這次嘗試背仰式下水，利用鋁瓶的重量，兩腳併攏、向後翻騰一週，立即入水！

　　雖然水面上下著毛毛細雨，水下能見度卻非常好，在水面下大概能看到15公尺遠的地方。把握這有200巴（潛水氣瓶內空氣充飽的壓力值）可用的氣瓶，前往鯊魚和海龜的家，下

4 龍目島

德拉旺安大街。

德拉旺安馬車。

Big Bubble潛水練習池。

水後調整好呼吸及裝備的位置,開始水下探險!沿著珊瑚礁岩的陡坡一路向下,沿途看到許多海底的生物。

繼續向前,迎面而來的是一群在珊瑚礁前洄游的魚群,一靠近牠們,牠們便會排成一路縱隊,整齊劃一地離開,此畫面十分壯觀!這次潛水是第一次見到野生海龜,海龜的龜殼上似乎還停著兩隻魚,我們緩慢地靠近大海龜,向他打聲招呼。

這次行程還有個不能忽略的重點,鯊魚!在教練的指示下,我們壓低了身軀,沿著海底一邊上下移動一邊前進,待游到一處礁岩面前時,教練示意我們往礁岩下的一個洞裡看,哇!還真的有一隻約1公尺長的鯊魚在下面沿著礁岩洄游!以前總覺得鯊魚是很兇猛的動物,其實不然,牠們還滿害羞地,只躲在自己的洄游範圍,

為了不打擾牠們,抓緊時間拍照留下紀錄,便離開此鯊魚點。

此時,我發現氣瓶只剩50巴,這是個警訊,表示要準備向上浮出水面。因為這次來到水下28公尺,浮上水面的過程中需要做適當的停留,幫助自己體內不要殘留太多的餘氮,也避免急升而造成潛水夫病。但潛伴的氣瓶還有110巴,仍可再逗留一會,教練示意與他共用氣瓶,因此我吸了教練的備用管,在水下多待了10分鐘。10分鐘後在大約水下6-10公尺處進行3分鐘停留,然後浮出水面。教練用氣瓶將空氣打入氣球中,告知船長我們所處的位置方便來接我們。上船後計算一下,在水下居然待了有50分鐘之久,加上美麗的水下世界,這Rp.500,000真是值得了。

魚群一擁而上。

扁腦珊瑚。

後記：潛水小常識

潛水活動主要分為浮潛（snorkeling）、水肺潛水（scuba diving）、自由潛水（Freediving）三大類，三種不同類型的潛水活動以裝備作區別。

- 浮潛：使用一根呼吸管、面朝海底在水面上游泳。
- 水肺潛水：配備全套潛水設備，包括潛水衣、中性浮力調節器、蛙鞋、面罩和1個氣瓶。
- 自由潛水：只配備面罩、呼吸管、蛙鞋，不配備氣瓶和浮力背心。

浮潛在臺灣各地已很盛行，東北角龍洞、西南角萬里桐、小琉球、澎湖山水灣、蘭嶼或綠島皆可進行。

水肺潛水則需考照才可自由進行此活動，在臺灣的考核機構主要是PADI和SSI兩大系統。這兩大系統除了發照單位不同外，基本內容相似，若無任何經驗者想體驗潛水，可參加導覽潛水，由專業的教練帶領體驗者在水下約10公尺的深度進行海底探索，每次約臺幣2,500元。若想成為初階潛水員，則可參加開放式水域（Open Water）課程，費用約臺幣13,000，課程內容包含5支氣瓶的潛水訓練。完成受訓及紙筆測驗後，可獲得開放式水域初級國際潛水證照，並可在開放式海域深度18公尺內進行潛水。獲得初級潛水證照後，還可持續學習進階開放水域（Advance Open Water）課程，完成後最大深度可達30公尺。其他專長項目如深潛課程、夜間潛水、洞穴潛水、沉船潛水、高氧潛水、低氧潛水、潛水教練、潛水長等，都有助於學習潛水其他技能。

自由潛水在臺灣起步較晚，難度也較高，主要需在不配戴氣瓶的方式，一口氣潛入深海，學習則有AIDA課程可參考，AIDA分為四個階段：

Level 1：基本自由潛水知識、入水及踢水技巧、潛伴制度及安全知識。

Level 2：2分鐘憋氣能力、40公尺動態平潛及16公尺下潛能力。

Level 3：2分45秒憋氣能力、55公尺動態平潛及24公尺下潛能力。

Level 4：3分30秒憋氣能力、70公尺動態平潛及32公尺下潛能力。

粉紅沙灘（Pantai Pinks）

粉紅沙灘（Pantai Pinks）

🏠 Sekaroh, Jerowaru, Kabupaten Lombok Timur, Nusa
Tenggara Bar. 83672

🚐 包車再轉搭船前往

💲 每車Rp.700,000 / 天、每船Rp.600,000

🕐 24小時

📷 6小時

粉紅沙灘。

行前交通

這天起個大早，原定要去龍目島西南角的岩岸，但因為路況不佳，改成到東南角的粉紅沙灘。早上9點司機準時出現在門口，有了上次的經驗，今日整裝待發，還特別戴上隱形眼鏡以備不時之需。

從聖吉吉坐了約2個小時的車終於抵達隆卡港，一到港口，預約前往粉紅沙灘的船隻也在岸邊等候。

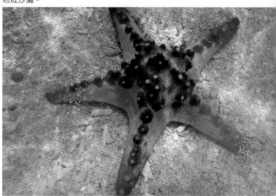
海星。

1個小時的船程過去後，就在接近對岸陸地前約100公尺處，兩旁的船隻漸漸變多。今日的船長詢問要不要在此浮潛，觀察了一下，此處水不深且特別乾淨，從水面上即可看到水面下悠遊自在的小魚，這真是一個浮潛的好地方。但是浮潛需另外支付Rp.400,000，實在太貴！而且前一天已在德拉旺安潛水，就此打消了浮潛的

粉紅沙灘停船處。

興致。

踏上粉紅沙灘

船慢慢駛向沙灘，我們在沙灘與海水的交界下了船，日正當中，烈日強曬，這就是粉紅沙灘？怎麼跟照片不太一樣呢，是不是來錯地方了？此時一片白雲擋住了嗆辣的太陽，使得天色明顯暗了些，看著海浪捲向沙灘，當浪花退去時……驚！原來粉紅色在這裡！浪帶出溫潤的沙子，遠看還真有些紅。抓起一把沙，發現這裡的沙還真的有些玄機，沙中摻有不少紅色沙粒，原來形成粉紅沙灘的關鍵，就是這些紅色珊瑚礁的碎屑呀！

世界上只有7個地區有粉紅沙灘，分別是巴哈馬群島、百慕達、菲律賓聖克魯斯島、義大利薩丁島、荷屬加勒比海博內爾島、希臘克里特島以及印尼。當地人稱此為紅沙灘（Pantai Merah），但遊客更喜歡稱粉紅沙灘。擁有此地質景象，代表此區域環境優美、海水清澈且氣溫暖和，才能造就多種珊瑚礁和數百種海洋動物的生存環境，當然也是適合浮潛的好地方。

在司機的帶領下，沿著沙灘上緣走一個U字形爬上了緊鄰的海岬，它位在最終侵蝕基準面，也就是海平面上方，利用海浪侵蝕及風化作用造就了此地的海蝕洞、海蝕平台以及岬灣。

從岬灣上向下俯瞰粉紅沙灘，凝視著這浪漫的一抹口紅，靜靜品嚐這遠離塵囂的片刻。

在岬灣上還有一地的椰子殼，原來有羊群居住在此。另外，若站在海蝕岬灣遠眺，壯闊的蔚藍有一種莫名的吸引力，仔細看看自己踩的土地，還能發現不少貝殼化石，這都是此處地殼隆起的絕佳證據。這樣的美景，或許只能在這個南緯8度的海岸線上找到吧！

此時時間不早了，大夥示意準備返回龍目島，只見船長跳上一塊保麗龍浮板，緩慢地划向小艇，將小艇開過來後，一行人魚貫入船，便掉頭往北前進。沿途經過一塊若隱若現的沙丘，我們再次下船站上沙丘走走，這塊沙丘也是富含生命力，螃蟹從左爬到右，海星家族更是散落在沙丘的西南角，這樣一片的自然，不知可以保存多久呢？

離開了沙丘，約莫15分鐘後回到了岸上，向船長答謝並支付船費後，立即向馬塔蘭市區出發，準備填飽已經飢腸轆轆五臟廟。

馬猶拉公園（Taman Mayura Lombok）

馬猶拉公園（Taman Mayura Lombok）

🏠 Jl. Purbasari, Mayura, Kec. Mataram, Kota Mataram, Nusa Tenggara Bar. 83239 Indonesia

🚗 包車前往

💲 居留證門票Rp.10,000／人、外國遊客門票Rp.50,000／人

🕐 08:00-18:00

📷 1小時

馬猶拉公園。

馬塔蘭是龍目島最大城，位在龍目島西邊，是印尼西努沙登加拉省（Nusa Tenggara Barat）的首府，與峇里島隔著龍目海峽相望。市區內分成6個行政區，官方估計42萬人居住於此。

馬塔蘭的城市旅行，建議穿插在主要景點後當成配套行程，因為市區真的不大也不太好逛。這次主要走了3個景點，第一個是馬猶拉公園，這座公園的印尼文名字中「Mayura」是梵文，意思是「孔雀」。這個地區過去有很多蛇，對人們的生命安全造成威脅，因為孔雀趕蛇的成效非常好，便飼養了許多孔雀，所以即用「Mayura」來形容這個地區，也因此這裡又稱「孔雀公園」。

這座公園原名是「Klepug」，原意是「水掉入水池的聲音」，代表春天到了。公園裡的主建築是1744年建造的印度教廟宇，而在公園的路口會有售票亭，售票亭上的告示是每人Rp50,000門票，但拿出居留證後，售票員給了優惠，每人Rp.10,000。

這座公園主要分為花園與水池兩大部分，水池中有一座主要建築，而花園中有4個主要寺廟，分別是Pura Rinjani、Pura Ngelurah、Pura Padmasana和Pura Gedong，走一圈大約半小時。

西努沙登加拉省博物館（West Nusa Tenggara State Museum）

西努沙登加拉省博物館（West Nusa Tenggara State Museum）

- Jl. Panji Tilar Negara No.6, Taman Sari, Ampenan, Kota Mataram, Nusa Tenggara Bar. 83117 Indonesia
- +62-623-70632159
- 包車前往
- 門票 Rp.5,000 / 人
- 08:00-15:00（週一休息）
- 1小時

西努沙登加拉博物館主要館藏為龍目島的歷史文化，包含陶器、青銅器、波狀刃等，此外還有些編織藝術，但營業時間只至下午3點，要前往該博物館需特別注意時間。

　　該博物館是了解當地文化的最佳選擇，門票便宜且探索方便，可以利用館內的收藏了解當地莎莎克族（Sasak）的文化。若先在此處有概略的認識，往後再前往龍目島莎莎克村，便可更快熟悉此少數民族文化。

博物館大門。

西努沙登加拉省博物館。

哈伯沃特汗大清真寺（Masjid Raya Hubbul Wathan）

哈伯沃特汗大清真寺（Masjid Raya HubbulWathan）

🏠 Dasan Agung, Selaparang, Gomong, Selaparang, Kota Mataram, Nusa Tenggara Bar. 83125 Indonesia
🚗 包車前往
💲 免費
◎ 建議白天前往，以不打擾信眾為前提
🌐 https://islamiccenter.ntbprov.go.id/
📷 1小時

初次來龍目島旅遊時，這座伊斯蘭清真寺中心尚未完工，但雄偉壯闊的建築以及以黃綠兩色為主的大膽用色，早已吸引許多經過遊客的目光。果然在此處完工之後，現已成為馬塔蘭市中心最重要的地標。

再訪龍目島時該清真寺已經完工。該寺由西努沙登加拉省州長穆罕默德・宰努爾・馬吉（Muhammad Zainul Majdi）執行建造作業，占地7.6公頃，由於位在馬塔蘭市中心，常成為當地或外國觀光客參訪的景點。此清真寺還配有99公尺高的塔樓，可供遊客登頂一覽馬塔蘭市中心景色。清真寺大廳可容納約15,000名信徒，儼然成為馬塔蘭最重要的信仰中心。其實馬塔蘭市中心真的很具鄉村風味，環境小巧而簡單，經過2個多小時的市區巡禮，也利用用餐時間獨自在附近走走逛逛，悠閒自在。

哈伯沃特汗大清真寺。

哈伯沃特汗大清真寺大門。

絲網瀑布（Air Terjun Benang Kelambu）

絲網瀑布（Air Terjun Benang Kelambu）

🏠 Desa, Aik Berik, Batukliang Utara, Kabupaten Lombok
Tengah, Nusa Tenggara Bar. 83552 Indonesia
📞 +62-370634800
🚗 包車前往（一天Rp.700,000／車）
💲 外國人票價Rp.70,000／人、本地人Rp.5,000／人
🕐 07:00-18:00
🌐 http://rinjanigeopark.com/
⏱ 4小時

絲網瀑布。

這座瀑布區主要位在中北部林賈尼火山區（Gunung Rinjani），屬於林賈尼地質公園境內，從馬塔蘭市區到這約32公里，車程約2小時可抵達入口處。

這天早上8點，我們從聖吉吉出發，抵達入口處已約10點，於售票口下車，自行進入售票口買票。這裡的票價相對昂貴，4個人總共Rp.280,000，也就是1個人Rp.70,000，但包含一位英文導覽員，雖然不便宜，不過這個景點值得一去。

一進入口，告示牌上就寫著，若要搭乘機車前往，一個人Rp.30,000，解說員Eric說搭機車只要7分鐘，走路卻要1小時，所以他建議搭機車，但因為我們不趕時間，因此就決定慢慢走了。

絲網瀑布區共有4座瀑布，分別是Banang Stokel、Banang Kelambu、Kilwun及Sesere。第一座瀑布「Banang Stokel」是從入口進入後叉路左轉，大約走10分鐘就能看到。這座瀑布由三道高30公尺的瀑布組成，轟隆隆的水花聲頗令人震撼，瀑布形成原因也註記在告示牌上，大意是「此處原先只是溪流，但因為這裡是火山灰沉積而成，土質鬆軟，在侵蝕的過程中切出一個很大的直角，然後向內侵蝕，便形成目前的瀑布樣貌」。在這瀑布前方還有一個5公尺跳台，Banang Stokel旁有山壁，還有當地登山隊挑戰繩索垂降呢！

在第一座瀑布的左方有一條小徑，

沿著小徑向上走約20分鐘，即可抵達第二座瀑布Banang Kelambu。沿途會經過幾家小商店，如果有需要買東西或喝咖啡，也可在此歇歇腳。第二座瀑布「Banang Kelambu」分為兩層，瀑布形成原因是原本此地上方有條溪流，下方也有一層地下水層，但因張裂性板塊造成正斷層，下盤上移而上盤下移，破壞了原本的地形。斷裂處使上方的溪流向下形成上方的第一層瀑布，而第二層瀑布則是因為下方的地下水層遭斷層切割破壞，因此於斷裂面湧出泉水，造就了第二層瀑布。之所以會被這座瀑布吸引，是因為這裡的瀑布分層，水流不大，流下來的畫面就像龍鬚糖絲或絲網一般，絲絲綿綿好療癒。

若有準備換洗衣物，可以走進瀑布內拍照或是利用瀑布做SPA。也發現下方還有兩個蓄水池，水池正在建設其他出水口，猜想未來可能會有更多層次的水流流出吧！

說時遲那時快，天空黑布瞬間覆蓋了整個山區，不到5分鐘時間便下起傾盆大雨，迫使我們放棄了Kilwun及Sesere瀑布，沿路上黃泥水滾滾而來，Eric用路旁的香蕉葉做成雨傘讓我們撐著，但在雨中走了40分鐘後，還是全身都濕透了，就這樣兩腳深踩泥濘，終於走回入口，跟司機聯繫上，換了乾的衣服，便離開這美麗的山中瀑布。

9

手織品觀光工廠（Industri Tenun Patuh）

手織品觀光工廠（Industri Tenun Patuh）

⌂ Unnamed Rd, Kab. Nusa Tenggara Bar. 83561, Sukarara, Jonggat, Kabupaten Lombok Tengah, Nusa Tenggara Bar. 83561 Indonesia

📞 +62-819-4112488

🚗 包車前往（一天Rp.700,000／車）

💲 免門票

🕐 08:00-18:00

📷 0.5小時

手工織品。

離開了位於中北部的林賈尼地質公園內的絲網瀑布，一路往南，穿越了機場，經過一家手織品店便停下稍作休息。這家手織品觀光工廠（Hand Weaving）主要是販售手工織品的「Batik」（印尼傳統服飾的布料），也有製成衣服、桌巾、沙龍及小帽，比較特別的是店家外面還有真人操作製作織品，讓人印象深刻，但我覺得織品材質偏厚，穿起來可能沒那麼柔軟。

該手織品觀光工廠傳承了當地Sukarara村的百年工藝，以能手工製造梭織布料聞名，是許多觀光客從北穿越中龍目、往南至庫塔必經的休息站之一。

10

湯峇安沙灘（Pantai Tanjung Aan）

湯峇安沙灘（Pantai Tanjung Aan）
- Sengkol, Kuta, Pujut, Kabupaten Lombok Tengah, Nusa Tenggara Bar. 83573 Indonesia
- +62-819-0717-5905
- 包車前往（一天Rp.700,000 / 車）
- 免門票
- 24小時
- 1小時

這一站來到龍目島最南方的庫塔區（Kuta），庫塔有點像尚未開發的墾丁，一整片白色沙灘覆蓋在藍海邊。這裡最有名的沙灘叫做「湯峇安」，距離龍目島機場約 1 小時車程，擁有環繞整個海灣的白沙搭配碧海藍天，而且不收門票只收停車費，要在這放鬆一整個下午也是個很棒的選擇。我們當天在搭飛機之前，就在這美麗的白沙灘，度過龍目島之旅最後一個下午。

湯峇安沙灘全景。

翁拜日落酒店（Ombak Sunset）

翁拜日落酒店（Ombak Sunset）

🏠 Gili Trawangan, Dusun Gili Trawangan Indah, Gili Indah, Pemenang, Kabupaten Lombok Utara, Nusa Tenggara Bar. 83355 Indonesia

📞 +62-370-644333

🚗 馬車前往

💲 馬車Rp.150,000/趟，翁拜日落酒店Rp.800,000/島嶼小屋、租單車Rp.75,000／天

🕐 24小時

🌐 https://ombaksunset.com/

📷 1小時

德拉旺安海灘。

時隔3個月，這次再訪德拉旺安島是為了彌補上次只在島上待了半天的不足（請參考行程規劃 B）。德拉旺安島迷人之處在於它和印尼其他島嶼間的反差感，島上為數不多的居民、自然的環境，讓人無法想像在這回教為大宗的國家中，居然能有這麼具熱情洋溢的小島。

上岸後，兩旁的馬車車夫隨即靠近，當地的計程車就是馬車，以喊價的方式收費。而今晚入住的是「翁拜日落酒店」，它位在德拉旺安島西南岸，下船位置則在東南岸，步行到飯店的時間約30分鐘。

沿著島的外圍以順時鐘方向行走，途中遇到許多身材火辣的比基尼美女，雖然大部分的旅遊書上都有註明，希望大家不要赤裸上身衝擊當地文化，但在這島上大家似乎不太遵守這條建議。在所到之處都是穆斯林居多的印尼，來到德拉旺安島有一種讓人不是身在印尼的錯覺。

路上的一花一草都是美景，甚至還看到馬匹在海裡洗澡，後來發現這是德拉旺安島的日常。就當我快放棄走路時，終於看到酒店的招牌，謝天謝地，終於到了。

在酒店稍作休息後，跟酒店租了腳踏車後，騎到附近認識一下周遭環境，並趕在下午4點半左右回到島的西方，準備欣賞日落。若是想在酒店悠閒度過的人，酒店也提供住宿客人下午茶，有點心、蛋糕、餅乾等，還能泡在游泳池裡欣賞日落，輕鬆愜意。

248

無賴海鮮餐廳（Scallywags）

無賴海鮮餐廳（Scallywags）

- 🏠 Gili Indah, Pemenang, Kabupaten Lombok Utara, Nusa Tenggara Bar. 83352 Indonesia
- 📞 +62-370-648792
- 🚶 步行或單車前往
- 💲 一餐約Rp.500,000
- 🕐 24小時
- 🌐 https://scallywagsresort.com/
- 📷 1小時

德拉旺安島上的夜晚充滿了南島風情，所有的餐廳或是旅館都位在海岸第一排，每一家都有特色。順著環島道路走到鬧區，看到無賴海鮮餐廳，店裡店外人潮洶湧，詢問下得知，點餐時若點 BBQ 就可以免費享用沙拉吧，但若點的是套餐則不行，因此點了海鮮串（Rp.110,000）、果汁、蝦 4 隻，這樣點下來可要 Rp.500,000 左右呢，多麼高級的一餐呀！

吃飽喝足後到大街上找浮潛的商家，打算明天早上浮潛，看了一家「Song Tour」的浮潛套裝行程，就跟他預約明早10:30-15:00浮潛，每人Rp.100,000，共有4個潛點。老闆說第一個潛點可以看海龜、第二個潛點可以看沉船，如果前面都沒發現海龜，

第四個潛點也一定看得到海龜，甚至沒看到海龜不用錢。費用中包含船、面罩、呼吸管、救生衣、蛙鞋。

完成此任務後，看到路邊有按摩店，價格是每小時Rp.150,000，渾身痠痛就進去休息一下。這間店的規定是男顧客衣服全脫光只剩內褲，並在全身抹油，按摩方式為按、摸或者捏，

無賴海鮮餐廳點菜。

以品質而言還是大城市較佳，但可能是太累了，按不到15分鐘便睡著。按摩完後回到大街上，本來人來人往的德拉旺安大街已變成夜店風格，照射在地上的雷射光、震耳欲聾的電音、全身搖擺的舞客、隨著音樂唱歌的旅人迎面而來。在路邊甚至有人賣大麻花，但疲憊的我一點興趣也沒有，騎著腳踏車，用手機LED燈當車燈，返回酒店等待明天的到來。

德拉旺安浮潛。

13

德拉旺安島浮潛（Snorkeling）

天一亮便搭乘馬車前往浮潛的集合地點，達達的馬蹄聲是美麗的過客，小馬兒拖著84公斤的我，再加上10公斤的行李，跑起來有點辛苦，終於抵達集合地點 Song Tour。

第一個潛點是看熱帶魚、珊瑚，

德拉旺安島浮潛（Snorkeling）

- Gili Indah, Pemenang, Kabupaten Lombok Utara, Nusa Tenggara Bar. 83352 Indonesia
- 步行或單車前往
- 每次Rp.100,000
- 10:30-15:00
- 4小時

偶爾會有海龜，可能因為浮潛的經驗多並不覺得稀奇。第二個潛點是一艘沉船，還好有準備吐司可以跟熱帶魚嬉戲一下。第三個潛點也是以熱帶魚為主，由於靠近艾爾島，在洋流交界，浪有點大，魚群種類也較多，一樣拿著吐司餵魚，觀賞。結束3個潛點後在艾爾島用餐，餐費不包含在浮潛費用裡面，自己點多少就花費多少。

在德拉旺安島的浮潛仲介很多，素質良莠不齊，建議讀者可以在渡輪碼頭（Ferry Terminal）前的浮潛店洽詢。碼頭前的浮潛點是負責帶遊客浮潛的主要供應商，在付訂金時建議先把需要提供的裝備備註在訂單上，或是向自己住宿的飯店櫃台詢問，能避免溝通上的誤會。

14

德拉旺安公船售票亭（Trawangan Sign）

德拉旺安公船售票亭（Trawangan Sign）

- Jl. Pantai Gili Trawangan, Gili Indah, Pemenang, Kabupaten Lombok Utara, Nusa Tenggara Bar. 83352 Indonesia
- 步行或單車前往
- 公船票價Rp.15,000 / 人、
  計程車邦梭港到馬塔蘭Rp.150,000 / 趟
- 08:15-15:00
- 1小時

離開 Song Tour，到了德拉旺安島東方的公共船售票處，買了回龍目島邦索港的船票 Rp.15,000，票上註明 37，代表我是第 37 個買票的人。一班船 40 人即發船，果然不到 1 分鐘就廣播準備登船了。搭了 40 分鐘左右的船回到龍目島，一下船就有司機上來詢問是否前往馬塔蘭。這趟路程若在德拉旺安島上的開價是 Rp.350,000，回到邦梭港開價從 Rp.250,000 殺價喊到 Rp.150,000 成交，這個金額還包含前往最大的伊斯蘭中心清真寺，再到 Damri 巴士站。

回程改走山線，約1小時抵達中心清真寺，拍照後轉往Damri的巴士站，

德拉旺安公船售票亭。

下船處。

幸運的是剛好有車要出發,在現場等不到2分鐘便坐上前往機場的車,花了Rp.25,000前往機場,超級便宜,結束這趟德拉旺安之旅。

後記:1. 若想要省錢,建議搭巴士再轉公共船,方便又便宜。
　　　2. 龍目島於2018年8月發生多起7.0大地震,出發前多注意安全

探訪史前巨蜥
——科摩多國家公園
(Pulau Komodo)

Indonesia Map

科摩多島 3 天 2 夜建議行程規劃

D1	抵達納閭巴約機場	克洛島	帕達爾島	夜宿船艙	
D2	科摩多島	粉紅沙灘（潛點 1）	魟魚點（潛點 2）	卡娜哇島（潛點 3）	夜宿納閭巴約村
D3	享用早午餐	離開納閭巴約（弗洛勒斯）			

科摩多龍。

地區介紹

科摩多國家公園由包括弗洛勒斯島（Flores）的西岸、科摩多島（Komodo）、林卡島（Rinca）、帕達爾島（Padar）及其他 26 個島嶼組成。1938 年帕達爾島和部分林卡島先建立起自然保護區，1965 年科摩多島也對外宣布成立保護區，1977 年成立聯合國教科文組織生物保護圈，並於 1980 年以科摩多島、林卡島、帕達爾島為首建立起國家公園，同年這座國家公園更入圍世界新七大自然奇觀（New 7 Wonders of Nature）地區之一。1991 年，因其特殊的地景及生物復育而被聯合國教科文組織列入世界遺產名錄當中。此地地形以圓山為主，最高海拔 735 公尺，氣候和印尼其他地方相

比，屬於較為乾旱的地區，年降雨量800-1000毫米左右。

科摩多島、林卡島、帕達爾島這3座島上沒有機場，要前往只能轉搭船抵達，而最近的機場在納閩巴約（Labuan Bajo）。納閩巴約是一個位在弗洛勒斯島上西北邊的小漁村，16世紀葡萄牙人在大航海時代發現了這座島嶼，而弗洛勒斯也是葡萄牙人對這塊區域的命名，有點像當年葡萄牙人以「Formosa」（美麗的島）形容臺灣一樣的浪漫。過去以漁業發展為主，近年來因為成為前往科摩多國家公園的主要中繼站，觀光業也因此蓬勃發展。

② 機場交通及路線

科摩多機場資訊

由於國家公園內無機場，要前往此處須從最近的國內機場科摩多機場（Bandar Udara Komodo）出發，但這座名為科摩多的國內機場，並不是在科摩多島上，而是位在科摩多國家公園東方的納閩巴約。之所以如此命名，是因為多數人會來此機場，是為了前往科摩多國家公園。

科摩多機場建立於2013年，整個機場只有一個航廈，由於乘客流動率不高，所以每天的航班數有限，要前往此地旅遊，必須以交通時間為第一考量。

前往科摩多島的交通方式相當複雜，是一個搭飛機後，還需換船隻才能前往的旅行景點。就算如此，每年還是吸引不少觀光客前來。前往科摩多島旅行的目的除了欣賞島嶼風光外，更重要的是找尋世界上最大蜥蜴──科摩多龍的蹤影。

由於科摩多國家公園的地理位置特殊，需要利用船運接駁，甚至需要在海上過夜，若想自行張羅交通，將頗具挑戰性，所以這次的旅程委託了當地旅行社「Top Komodo」辦理3天2夜的旅行。此行共4個人同行，報價為

科摩多機場航廈。

俯瞰納閭巴約港。

4人一船，每人Rp.2,790,000，包含所有交通（含科摩多機場接送），以及1天船宿、1天四星級飯店住宿，還有行程中在船上的飲食。詢問過程中，該旅行社回覆迅速詳盡，且費用於當地支付即可，讓我們一行人感到安心。

旅程從搭乘早上8點的飛翼航空開始展開，從峇里島起飛1個小時後便抵達科摩多機場。一下飛機熱浪迎面而來，雄赳赳的科摩多龍大蜥蜴就出現在機場門面，領行李區也有幾隻科摩多龍木雕站立在大廳內。我們拖著行李走出大廳，隨即看到一塊紙板上面寫的我的名字，手持紙板的導遊Andy親切地跟我們打招呼，我立即放下心中擔心被放鴿子的焦慮。

坐上車後Andy用流利的英文介紹

這座熱情的島嶼，包含此地的歷史、地理位置。休旅車一路往港口前進，途中Andy請司機停車讓大家在超市添購未來2天1夜在船上的物資。購物完畢後隨即抵達港口，大家三步併作兩步，跳上接下來3天要搭的船，船上總共有3個房間，每個房間有2張床，都有冷氣、電扇、燈泡、插座，設備完善。廁所、蓮蓬頭則設置在另一個小船艙，船艙的第一層有用餐區，第二層則是露天的甲板，可以觀星吹海風。

克洛島（Pulau Kelor）

克洛島（Pulau Kelor）

🏠 Pasir Putih, Komodo, Kabupaten Manggarai Barat, Nusa Tenggara Timur, Indonesia

🚗 搭船前往

💲 3天2夜行程Rp.2,790,000／人

🕐 24小時，建議白天前往

🌐 https://www.komodonationalpark.org/

📷 2小時

經過1個小時的航程，在船上聽著介紹並付完旅費，吹著海風曬著太陽，正當昏昏欲睡之際，終於看到前方有不少船隻靠岸，那是行程中的第一個景點「克洛島」，又稱「白沙灣」（Pasir Putih）。這裡有一座陡峭的小山丘，沿著步道往上爬可以俯瞰整座白沙灣，但因為是陡坡相當不好走，加上兩旁沒有扶手或繩子，我爬得小心翼翼、汗流浹背，若有幸前來，建議最好身著輕裝且穿著抓地力強大的鞋子。終於爬上山丘觀景，清澈的海水可明顯看出大陸棚以及深海地區，滿地的白沙更是網美朝聖之地。從這裡也可看到遠方布滿低矮草皮的小島，那就是科摩多國家公園，更令人充滿期待。

因為邊坡上沒有可以安心立足的位置，實在不宜久留，而要走下坡時，又找不到可以施力踩穩的位置，正所謂上山容易下山難！最後是求助Andy將大家一個一個人送下山，每個人就像跳恰恰一樣，左閃右躲，深怕一個沒踩穩滑下去。下山後我們換好泳裝在附近浮潛，不過此處以白色珊瑚礁為主，魚群也大多是黑色及白色，不似之前看過的水下景色繽紛。

回到船上後，迎接我們的是一頓豐盛的午餐，有白飯（Nasi）、炒麵（Mie Goreng）、炸魚（Ikan）、空心菜（Kangkung）及高麗菜，大概是剛才上山下水有些疲憊，這頓簡單的午餐吃起來特別美味，尤其是炒麵特別好吃！

克洛島海灣。

帕達爾島（Pulau Padar）

帕達爾島（Pulau Padar）

🏠 Komodo, Kabupaten Manggarai Barat, Nusa Tenggara Timur, Indonesia

🚗 搭船前往

💲 3天2夜行程Rp.2,790,000／人

🕐 24小時，建議白天前往

🌐 https://www.komodonationalpark.org/

📷 2小時

離開克洛島後，船繼續航行了 2 小時，終於抵達帕達爾島。帕達爾島是科摩多國家公園範圍中僅次於林卡島、科摩多島的第三大島嶼，但科摩多龍只出沒在前兩大島嶼上。帕達爾島以山海景色著名，在 2017 年印尼政府印刷的新版的 Rp.50,000 鈔票上，採用的正是此處的景色。

下了船後涉水走上沙灘，換上布鞋沿著木製階梯往上爬，準備到位在山丘上的觀景台俯瞰整座島嶼。雖然爬到後半段就沒有棧道了，只剩泥土石頭路，但比起早上的克洛島步道已經好走多了。

放眼望去處處是美景，眼看太陽再過半小時準備下山，一夥人快速向上爬行，回頭一望，又是一陣驚呼！夕陽伴隨山丘，兩旁被海浪侵蝕出兩個凹陷的沙灘，這樣特殊的地質景觀，還真不容易看到呀！欣賞美景的同時，太陽漸漸隱沒在海的盡頭，大家也速速下山，畢竟摸黑走山路是一件很危險的事情！

回到海灘上，大夥便乘著獨木舟上船，但因天氣狀況不佳，船長決定將船在此停留一晚，明早4點再啟程。用過晚餐後，便在船艙外看著滿天的星星，搭配周圍船隻閃爍的燈泡，這就是船宿最浪漫的享受！

帕達爾落日全景。

科摩多島（Pulau Komodo）

科摩多島（Pulau Komodo）

🏠 Komodo, Kabupaten Manggarai Barat, Nusa Tenggara
Timur, Indonesia

🚤 搭船前往

💲 3天2夜行程Rp.2,790,000／人、
科摩多島門票Rp.325,000／人

🕐 24小時，建議白天前往

🌐 https://www.komodonationalpark.org/

📷 2小時

科摩多島位在林卡島、帕達爾島的西方，是科摩多國家公園的主要根據地，此處生物除了有補釘珊瑚礁、鯨鯊、翻車魚、侏儒海馬、藍圈章魚等生物外，島上還復育了世界上最大的蜥蜴「科摩多龍」（Komodo Dragon）。

國家公園內是炎熱乾燥的熱帶乾濕季氣候，提供了屬於冷血動物的科摩多龍良好的棲息環境。當局為了保護當地生態，限制了附近島嶼的人口總數，科摩多島的人口控制在1,700人、林卡島約1,300人、莫當島（Gili Motang）、達薩米島（Gili Dasami）兩座島嶼各為100人，弗洛勒斯島則是約2,000人。

抵達羅亮港（Loh Liang）時太陽尚未完全升起，天色微亮，Andy說因為科摩多龍是冷血動物，若天氣太熱、體溫升高、牠們會不想移動，活力較差，因此觀察科摩多龍最佳時間是清晨及傍晚。但我心裡想，其實牠不要動比較好，動起來每小時78公里

科摩多島木造港口。

科摩多公園步道。

丘陵上的科摩多龍。

的速度，我可跑不贏牠呀！

　　上島後先到遊客中心購買國家公園門票Rp.325,000，這門票不包含在旅行社費用當中，而且價格也會依據國家公園對生態保育的政策有所變動，因此居留證在此並沒有優惠。門票費除用於科摩多島的參觀外，還包含當日在科摩多國家公園內的活動，如在卡娜哇島等地的浮潛。

　　在科摩多島的路線有A、B、C，3條路線。最簡單的路線「C」是在平地上走一圈，會經過2個可能看到科摩多龍的景點；中等路線「B」是先在平地繞半圈，後半圈上山丘，會經過3個可能看到科摩多龍的景點；而困難度最高的路線「A」則是要爬上更高的山峰，途中能看到最多的科摩多龍。大家因為時間有限，所以選擇路線B。

　　從購票口出發沒多久，便發現一排蛇杖，除了可用於打草驚蛇，還可讓護林員以此保護遊客，必要時能抵擋科摩多龍。肉食性的科摩多龍儘管1個月只需「享用」一次「大餐」，但來此觀光時仍要小心，因為牠的口中的毒腺亦對人類有害。科摩多龍如何獵捕「大餐」？牠會以牙齒咬傷獵物，而口中的毒腺分泌出毒液，毒液接觸傷口時會讓獵物血流不止無法凝固，最後失血過多而亡。獵物死亡後，科摩多龍不會立刻享用，會等到獵物的肉腐爛才食用。

　　沿著步道行走，看到前方空地停著一位遊客、一位嚮導及一位護林員，原來他們正壓低身體與趴在地上的科摩多龍合照。那隻科摩多龍的肚子大大的，代表牠此時吃得很飽，對

蛇杖。

科摩多島餐廳。

人類的興趣相對不高，所以這些人才敢蹲低與牠合照吧。

　　大家也降低音量慢慢靠近，靠近時要從後方，這樣才不會引起科摩多龍的注意！另外，若科摩多龍開始移動，不要忽然有大動作，否則科摩多龍會以為你是獵物，便將你鎖定為獵捕目標唷！

　　看完小水池旁的科摩多龍後，繼續往SULPHNEA丘陵上爬，山丘上是此處視野最佳的觀景區，可以遠望整個科摩多國家公園。山丘上還有一個科摩多龍常出現的點，這個點是每年7月科摩多龍交配時的位置，主要會有一隻雌科摩多龍出沒，每到交配期會在此和另外4隻科摩多龍交配。但科摩多龍除了正常的卵胎生，部分科摩多龍會因為地形分隔的關係進行所謂的孤雌生殖，而所謂孤雌生殖，是指單一雌性科摩多龍，自己有辦法繁衍下一代。很幸運的在這也找到了一隻科摩多龍，護林員故意戳牠，想讓牠抬頭、甚至稍作移動，有利於讓我們拍照，但當牠一抬頭轉身朝向我時，我可是嚇得要命。

　　下了山丘，回到平地我們來到「餐廳」，這個點會名為「餐廳」，是因為島上的居民會在此餵食豬等家畜，科摩多龍便也會聚集在此，形成科摩多龍的餐廳。這附近有3隻科摩多龍，也是一個近距離觀察科摩多龍的好地方。雖然在印尼部分的動物園也可看到科摩多龍，但動物園裡的科摩多龍體型較瘦小，如果想看野生科摩多龍，還真的得來此國家公園一趟呢。

粉紅沙灘（Pink Beach）

釭魚點（Ray Point）

粉紅沙灘（Pink Beach）
- Pantai Merah, Komodo, Kabupaten Manggarai Barat, Nusa Tenggara Tim.
- 從羅亮港搭船前往約30分鐘，走路4小時
- 3天2夜行程Rp.2,790,000 / 人
- 24小時，建議白天前往
- https://www.komodonationalpark.org/
- 0.5小時

釭魚點（Ray Point）
- CJP2+P2 Komodo, West Manggarai Regency
- 搭船前往
- 3天2夜行程Rp.2,790,000 / 人
- 24小時，建議白天前往
- https://www.komodonationalpark.org/
- 1小時

看完科摩多龍，我們回到船上享用早餐，早餐是一種以吐司、巧克力、起司做成的印尼小吃，用過早餐後便前往第一處潛點「粉紅沙灘」，並停留約 1 小時。全世界擁有粉紅沙灘的地方不多，先前已在龍目島欣賞過一次，這次在科摩多島是我造訪的第二座粉紅沙灘，光是印尼就有兩處有粉紅沙灘呢！

除了欣賞漂亮的沙灘，我們也在這邊浮潛。有過去多次的下水經驗，早已將吐司備妥，準備來看場餵魚秀！下水後，發現這邊珊瑚礁顏色較前一天克洛島來得多，但與四王群島和龍目島相比還是稍微遜色些，不過潛點水質清澈、能見度不錯、海浪也平穩，適合潛水初學者下水嘗試。

結束在粉紅沙灘的浮潛，一行人回到船上用午餐，船長也一邊將船駛向第 2 處潛點——「釭魚點」（Ray Point），又稱「Manta Point」，顧名思義，這個景點常有釭魚出沒。釭魚體盤寬，寬長僅略小於體長，有一條細長尾巴，但尾部有劇毒，若被刺傷會有強烈疼痛感，未即時送醫的話可能會因心臟衰竭造成生命危險。雖然釭魚危險性高，但依然有人用牠來做紅燒釭魚等料理，魚皮則可做成皮包或皮帶。

在還沒到釭魚點之前，Andy說已經可以用餐了，正當大家用餐到一半時，突然聽到船長大叫，往船頭右方看去，水下出現了兩隻菱形的大生物在游泳！這就是釭魚！稍作休息後再次換上浮潛裝備，跳下海去追蹤釭魚

紅魚。

鬼蝠魟展翅前進。

的身影，也如願地在水下看到許多紅魚。在海底的紅魚就像一條魔毯隨海流漂搖，身軀呈現輻射狀，寬度約7公尺，因擁有兩個角狀的頭鰭，又被稱為魔鬼魟或鬼蝠魟。實際上紅魚是很溫馴的濾食性或掠食性動物，食物以蝦、磷蝦及小型魚類為主，並不會對人類主動攻擊。Andy為了讓我們留下更多珍貴的畫面，借了相機一口氣潛到海底幫大家與紅魚留下紀錄。他說，看科摩多龍和紅魚都是需要運氣，這次都有看到實在太幸運啦！

7

卡娜哇島（Pulau Kanawa）

看完紅魚後往回走，向納閩巴約港口前進，回程航行所需時間約4小時。我們於航行1個半小時後，在中繼點的卡娜哇島白沙灣稍作停留，做最後一次的浮潛，這次只有我自己下水。

從船上下水逆時針潛水繞進白沙灘，沿途可看到鹿角珊瑚、海星、魔鬼海膽、熱帶魚等。水深約2公尺，能

卡娜哇島（Pulau Kanawa）

- Pulau Kanawa, Pasir Putih, Komodo, Kabupaten Manggarai Barat, Nusa Tenggara Tim.
- 搭船前往
- 3天2夜行程Rp.2,790,000／人
- 24小時，建議白天前往
- https://www.komodonationalpark.org/
- 1小時

見度極佳，利用海水的浮力可在海面上自由穿梭，是這趟科摩多之旅中最

卡娜哇海膽。

卡娜哇海底珊瑚群。

適合浮潛的地方。玩累了，可躺在白沙灘上曬曬日光浴，也可在木造碼頭拍下令人印象深刻的海景照。

　　卡娜哇島上有一家民宿，但因交通和物資都較不方便，因此設備上較不完善，餐點價格也較為昂貴，因此僅建議將此做為一個休息站，享受湛藍大海與溫暖白沙，以及可媲美馬爾地夫的海島景色。

　　浮潛完沿著沙灘走回港口，但由於港口太小，船隻太多，需要在好幾艘船上穿梭、跳上跳下，才能回到自己的船。船長看我上了船，便將船繼續駛回納閩巴約港口，結束了這趟海上之旅。

8

夜宿納閩巴約村

納閩巴約是為在弗洛勒斯島最西邊的村落，早期經濟活動以漁業為主，近期因科摩多國家公園發展成功，村內的經濟重心便改為觀光和運輸。

　　村內為提供大量觀光客休息，有多家四星飯店，如路溫莎渡假村（Luwansa）、西亞斯塔科摩多酒店（Seasta Komodo）、音亞貝渡假村（Inaya Bay）等，雖村內的設施不如大城市來的方便，但各渡假村內皆能提供足夠的服務，如三餐、泳池、網路、按摩等。

納閩巴約村（Lubuan Bajo）

🏠 Labuan Bajo, Komodo, Kabupaten Manggarai Barat, Nusa Tenggara Tim.

🚗 計程車

💲 3天2夜行程Rp.2,790,000 / 人、
　 Luwansa渡假村Rp.500,000 / 豪華雙人房

🕐 24小時

📷 12小時

Top Komodo 旅行社

🏠 Golo Koe, Kel. Wae Kelambu, Kec. Komodo Kab. Manggarai Barat, Flores Wae Kelambu, Labuan Bajo, Komodo, Kabupaten Manggarai Barat, Nusa Tenggara Tim. 86754 Indonesia

📞 +6281-339-122-174

✉ infotopkomodotour@gmail.com

🌐 http://topkomodotour.com/

傍晚若不想在飯店內用餐，可請飯店協助叫車，在村內搭計程車移動，單程約Rp.50,000。由於此區較不現代化，路上的計程車也很少，建議出門前先跟飯店確認乘車方式，才可避免回程無車可搭必須步行回飯店的窘境。

傍晚入住納閩巴約村的路溫莎渡假村，隔天早上用過早餐，Andy送大家到機場，帶著看見科摩多龍的幸運及祝福，一行人離開了科摩多國家公園。

納閩巴約村晚餐。

再會！科摩多國家公園。

四王群島——世界的盡頭

(Raja Ampat)

四王群島 5 天 4 夜建議行程規劃

Indonesia Map

D1	抵達望加錫機場	夜宿機場過境旅館		
D2	索龍機場	索龍港	外塞港	艾略特在地民宿
D3	尋找天堂鳥	迪布海灘	妃汶牆	妃汶島（村）
D4	琶雅內莫五芒星島	阿爾布雷克村	薩因萊村	妃汶牆
D5	外塞港	索龍港	索龍機場	望加錫機場

四王群島。

$$1$$

地區介紹

「四王群島」的印尼文為「拉賈安帕特」（Raja Ampat），以米斯庫島（Pulau Misool）、薩拉瓦提島（Pulau Salawati）、巴丹塔島（Pulau Batanta）和衛吉島（Pulau Waigeo）4個大島，和其他小島、淺灘、珊瑚礁共1,500個島嶼組成。以當地語言來說，「Raja」是國王的意思，「Ampat」是數字4，「拉賈安帕特」這個名稱的由來是相傳當地一位婦人在海邊撿到7顆蛋，其中4顆蛋孵出4個國王，這4個國王分別占據上面4座大島，而其他3

顆蛋孵化成女人、石頭和鬼,故又稱「四王群島」。

四王群島位在巴布亞紐幾內亞島的西邊外海,群島範圍涵蓋海洋及陸地超過40,000平方公里,根據保護國際基金會(Conservation International)的海洋調查顯示,該區域是地球上已知最多海洋物種的地方,擁有537種的珊瑚、699種的軟體動物,魚類更多達1,309種,其海洋生態物種豐富的程度甚至超過由印尼、菲律賓以及巴布亞新幾內亞所組成的珊瑚三角地帶。

魚類學家Dr. Gerald Allen曾經在此做過調查,發現在一次90分鐘的潛水過程中,能看到374種不同的魚類,這個紀錄是非常驚人的,因此四王群島成為潛水者的夢想聖地,更有「世界最後一塊潛水淨土」的美稱。是個不容錯過的行程!

---

② 機場交通及路線

索龍機場
Indonesia

由於四王群島內無機場,想抵達此地須透過多種交通工具。最常見的方式是先飛到距離四王群島最近的索龍機場(Bandar Udara Domine Eduard Osok),再搭車又換船才可抵達。但直飛索龍機場的班機極少,所以也可選擇先飛到附近的大城市,如蘇拉威西南邊的望加錫(Makassar)或是蘇拉威西北邊的馬納多(Manado)再轉機索龍機場。由於此地實在太偏遠,建議提前一天抵達機場或港口較為保險,也要有行程延遲的心理準備,畢竟有時飛機或船隻航班會因為風浪太大或其他原因停飛、停駛。不過,也因為這樣繁雜的交通方式,保護了當地原始的自然景觀。

3

夜宿機場過境旅館

望加錫IBIS過境旅館。

這趟行程來回總共搭乘了 4 次飛機，都是選擇印尼鷹航（Garuda Indonesia）。由於清晨 5 點就得在望加錫轉機，所以決定在望加錫機場的過境旅館 Ibis 度過一夜。Ibis 過境旅館在望加錫機場入境大廳右手邊，安檢徹底，進飯店就像過海關，行李都需要通過 X 光機檢查。房型有 2 人房以及 3 人房，價位 Rp.400,000，如果是 3 人 1 房，1 人平均一晚不到臺幣 500 元，

非常划算！Ibis 過境旅館內有電視，特別的是還有特定電視頻道顯示所有出入境機場的航班時間，隨時提醒班機時間，十分貼心。

清晨3:30，連旅館提供的早餐都還沒來得及吃，就急急忙忙去機場報到，雖然班機時間早，但仍坐滿乘客，畢竟飛往索龍機場的班機實在有限。飛機餐就是早餐，2 個小時的航程，又跨越了一個時區來到索龍（快臺灣1小時）。

4

索龍港（Sorong）

離開索龍機場後，要先坐車至索龍港口，再從港口搭船才能抵達四王群島。但機場與港口間沒有公車可以搭乘，只能選擇私人廂型車，儘管車程只有短短的 5-10 分鐘，但車資卻要價 Rp.100,000，這是不得不的選擇啊。而港口前往四王群島的船班時間也不固定，只知道每天早上有一班。因為擔心會錯過船班，便趕緊在索龍機場搭上私人麵包車，前往索龍港口。

抵達索龍港口，只有一棟外觀看起來像倉庫的水泥建築，進去後有4

	星期一	星期二	星期三	星期四	星期五	星期六	星期日
Sorong-Waisai（索龍港－外塞港）	09：00 14：00	11：00 14：00	09：00 14：00	11：00 14：00	09：00 14：00	11：00 14：00	11：00 14：00
Waisai-Sorong（外塞港－索龍港）	11：00 14：00	08：00 14：00	09：00 14：00	08：00 14：00	09：00 14：00	08：00 14：00	14：00

索龍機場。

索龍港。

個售票口。從索龍前往衛吉島的外塞港（Waisai）的船班，出發時間為早上11點，有分在1樓的VIP座位和2樓的一般座位，我購買的是2樓的一般票，票價是Rp.130,000，VIP票價則為Rp.220,000。當晚住的地方與外塞港有段距離，因此也先預約私家車在外塞港口等候。

在索龍港口等待發船時，有巴布亞當地的小朋友在此遊戲，也很熱情地跟我聊天，甚至教我印尼文，實在天真無邪。眼看前方港口人潮進進出出，不懂印尼文的我很緊張，不確定哪一班才是我要搭的船，不斷詢問售票員，他一直說「wait, wait!」但買的是11點整發船的船票，怎麼已經過了11點還沒出發呢？終於11:10！售票員才指向搭船處，立即行李上手準備登船！跟著人潮登上了前往外塞港的船，先通過1樓的冷氣區，也就是VIP座位，但買的是一般座位在2樓。2樓有屋頂可以遮陽，但當船沒航行時真的又曬又熱，建議別坐最外側，因為這裡的太陽真的會曬得令人頭暈！在船上等了將近1小時，終於在12點離開港口。

5

外塞港（Waisai）

經過 2 個小時的航程，船抵達外塞港！根據預先查詢的資料，要先繳入島費才能進入，而入島費 Rp.1,000,000，可以在 1 年內無限次使用，這模式有點像辦理一張有效期限 1 年的外國入境簽證。但一下船，沒看到有人來驗身分或繳費，反倒是遇見要送我到民宿的司機。快速放好行李跳上車吹冷氣，此時司機指著前方的小涼亭，問我繳費了沒？原來是要在涼亭這裡辦理。拿著護照、工作證以及錢包進涼亭，在此要填姓名、國籍、

入島目的、住宿地點等相關資料。填完之後會發一張小卡，這小卡就是已經繳入島費的證據，若這張小卡不見，也可以拿出繳費收據，也可證明曾經繳過入島費。此時又問收錢發卡的姊姊，這張卡能做什麼？她說這卡主要是證明你是合法進入四王群島，在四王群島消費時都需要憑此卡購買，否則店家不會賣東西給你！完成這項任務後上了車，花了 25 分鐘的車程，抵達位在外塞西南方的「艾略特在地民宿」（Alter Native Stay）。

外塞港。

外塞港入島登記。

271

艾略特在地民宿（Alter Native Stay）

艾略特在地民宿（Alter Native Stay）

🏠 Desa Saporkren, Waigeo Selatan, Saprokren, Waigeo Sel.,
Kabupaten Raja Ampat, Papua Bar. 98482, Indonesia

📍 HP6M+QQ Saprokren, Raja Ampat Regency, West Papua,
印尼

📞 +62-821-9884-1907

🚢 搭船前往

💲 雙人房每晚 Rp.1,350,000（含三餐）、
單人床每晚Rp.810,000（含三餐）

🕐 24小時，建議白天前往

🌐 http://papuarts.wixsite.com/rajaampat

通往蜜月房甲板。

艾略特民宿沙灘。

到了民宿才發現這個區域都是民宿，而且每間民宿都有自己的小港口，在這個地區主要交通工具不是汽車或機車，而是在水上行走的舢舨。

民宿老闆Alter熱情地出來迎接，說在這個地方不需要手錶，要大家放下遙遠的工作，享受這悠閒的一切。

因抵達時間不同，所以大家的第一餐並無統一用餐。所有餐點民宿都會幫忙準備，因為在這裡你找不到便利商店、也找不到餐廳。經過整天的移動，身體超級疲憊，用過下午茶後，躺在床上就昏睡到傍晚。

晚餐大家都到齊後，老闆Alter介紹附近的環境，好自行規劃行程，或給予行程上建議。討論後決定隔天早上5點去健行賞鳥，下午搭小船去附近浮潛以及欣賞日落。

民宿下午6點開始供電至半夜12點，若電子設備需要充電，必須利用這段時間。整棟民宿非常天然，是由Alter和他的助手一磚一瓦蓋起來，有淋浴設備但沒有熱水，還好此時氣溫很高，即使沒有熱水也無妨。

尋找天堂鳥健行活動（Hiking）

尋找天堂鳥健行活動（Hiking）

🏠 Desa Saporkren, Waigeo Selatan, Saprokren, Waigeo Sel., Kabupaten Raja Ampat, Papua Bar. 98482

📍 HP8V+M2 Saprokren, Raja Ampat Regency, West Papua, 印尼

📞 +62-821-9884-1907

🚤 搭船前往

💲 Rp.450,000 / 人

⏰ 24小時，建議白天前往

粉紅天堂鳥求偶舞。

天還沒亮，就先被鬧鐘吵醒，因為今天早上要去山中健行，尋找兩種特種鳥。其中一種是中文翻作「天堂鳥」或「極樂鳥」的鳥類，會在清晨出現，特殊的粉紅羽毛以及求偶舞蹈是牠們最大的特色；另一種是藍頭黑身且帶有黃紅羽毛的「威爾遜天堂鳥」；這兩種都是屬於Paradisaeidae（極樂鳥）。

兩位專業賞鳥人準時清晨5點出現在民宿，隨著賞鳥人的步伐，一同沿著山路蜿蜒前進，步行1個小時後，到達第一個粉紅羽毛賞鳥區，現場用樹幹圍成一個簡易的賞鳥區，賞鳥人拿出望遠鏡讓大家找尋停在枝頭上的天堂鳥，就在脖子正痠的時候，賞鳥人又指引大家快往上看，原來天堂鳥真的跳起了求偶舞，在樹梢中跳來跳去

藍冠紅身天堂鳥。

展翅的樣子真是可愛。

　　看完了粉紅羽毛的天堂鳥，繼續前往下一站。穿過樹林到了一頂綠色遮蔽帳棚下，賞鳥人示意降低音量，5分鐘後還真的有一隻藍頭黃紅羽毛的鳥類降落在此。當越走越近時，忽然

「啪」一聲，天空下起雨來，這隻神祕的天堂鳥就飛離我們的視線，可惜雨勢越下越大，賞鳥人說因為天氣不好，牠今天不會再下來了，因此也趕緊離開帳篷，返回民宿。

8

迪布海灘（Pasir Timbul）

迪布海灘（Pasir Timbul）

⌂ Kepulauan Sembilan, Raja Ampat Regency, West Papua 98411 Indonesia
📍 FM2R+66 Besir, Yenbeser, Raja Ampat Regency, West Papua
🚢 搭船前往
💲 單引擎船費Rp.1,500,000 / 船
🕐 24小時，建議白天前往
📷 1小時

迪布沙灘。

單引擎小船。

　　中午飽餐一頓後，我們向民宿老闆包一艘單引擎小船，前往迪布海灘。

　　單引擎小船很小，可乘載10人，小船兩邊各有一根平衡木，上方有帆布製成的遮雨棚，船在行進間很容易被浪打濕，所以要多注意電子產品的防水保護。迪布海灘並無商家，出發前記得將水壺裝滿，並且做好防曬。在海上航行約1個小時，終於抵達迪布

沙灘，它是位在四王群島海域中的一座小沙丘，海岸線長約1公里，清澈湛藍的海水搭配上白沙灘，浪漫得像是電影才會出現的畫面，還有當地人在沙灘上踢足球呢！

　　迪布海灘的面積會隨海水漲潮退潮而有所改變，若想在沙灘上待較長時間，建議在乾潮時前往，否則雙腳就有可能長時間泡在海水當中。另外使用無人機時也要注意，因此處位在海上，海風變化很大，要多注意風速，以免無人機落海。

9

妃汶牆（Friwen Wall, Friwenbonda）

妃汶牆（Friwen Wall, Friwenbonda）

🏠 Friwen, Waigeo Sel., Kabupaten Raja Ampat, Papua Bar. Indonesia

📍 GMFX+P8 Besir, Yenbeser, Raja Ampat Regency, West Papua

🚤 搭船前往

💲 單引擎船費Rp.1,500,000 / 船

🕐 24小時，建議白天前往

📷 1小時

水下妃汶牆珊瑚。

告別了迪布海灘，前往妃汶牆。妃汶牆位在妃汶地區的妃汶邦達島（Pulau Friwenbonda），是以在海面下的一片珊瑚礁牆而得名，占地約 0.12 平方公里，地理位置在妃汶島東南方約 500 公尺處，是一個箭頭形狀的石灰岩塔。妃汶邦達島上的東方有一座小沙灘，沿著沙灘逆時針走，可以發現許多珊瑚礁以及豐富的熱帶魚群；而順時針走，則可看到許多藍色海星。

特殊的大陸棚地形以及溫暖的海域，造就了當地豐富的生態系，最令我印象深刻的就是這個藍色海星了。

妃汶村（島）（Friwen Village, Pulau Friwen）

妃汶村（島） (Friwen Village, Pulau Friwen)

⌂ Friwen, Waigeo Sel., Kabupaten Raja Ampat, Papua Bar. Indonesia

📍 GMHW+3C Besir, Yenbeser, Raja Ampat Regency, West Papua

🚤 搭船前往

💲 單引擎船費Rp.1,500,000／船

🕐 24小時，建議白天前往

📷 1小時

妃汶村鞦韆。

眼見太陽逐漸下山，快速移動到最後一站——妃汶島上的妃汶村準備看夕陽！妃汶島是另一座小島，小島上的西北角有一片沙灘，此處的沙是我踩過最細的沙。此外這裡的樹上還用兩條麻繩做成泰山飛越叢林的工具，只見當地小孩在樹上抓著繩子一躍而下，在空中做個花式旋轉跳入水中，好不熱鬧！而此時夕陽也慢慢地西沉了。

這裡的夕陽美得像一幅畫，太陽下山後我們急忙上船趕回民宿，因為越晚視線越差，且船上沒有照明設備，有些危險。

趕在夜幕低垂前平安回到民宿，此時發生一段小插曲。由於經過一整個下午的海上旅程，大家都想趕快沖個澡，因此還沒付今日的船費，就有夥伴先行洗澡。有夥伴在浴室洗澡時，門外船夫急敲門，嘴巴說著「Money、Money」的發音，讓這位女夥伴越洗越緊張，好在沒多久聲音消失了。當她洗好澡出來後，馬上和民宿老闆了解狀況，想著是不是要急著將旅費付清。老闆詢問了那位船夫，船夫說他只是想要洗澡，而洗澡的印尼文是「Mandi」，可能是跟Money發音太相近了，所以造成誤會，大家才恍然大悟。

琵雅內莫五芒星島（Pianemo）

琵雅內莫五芒星島（Pianemo）

🏠 Saukabu, Waigeo Bar. Kepulau, Kabupaten Raja Ampat, Papua Bar. 98481 Indonesia

📍 6QFGC7PC+88

🚢 搭船前往

💲 雙引擎船費Rp.6,000,000 / 船

🕐 24小時，建議白天前往

🌐 http://www.piaynemo.com/（五芒星民宿）

📷 3小時

今天要前往四王群島旅程中最重要的行程──琵雅內莫五芒星島（Pianemo），離民宿搭船約2個小時的航程。前往琵雅內莫需要一艘雙引擎快艇，雙引擎船出海1天需要Rp.6,000,000，一行6個人分攤，1個人只要 Rp.1,000,000，還挺划算的！早上7點準時出發，一路向西南方航行60公里，沿途巧遇海豚家族，海豚一躍而起，在空中劃出美麗的弧線落下，牠們甚至在船下穿梭，這可比賞鯨、賞豚團更加精彩！

琵雅內莫周圍有許多小島，從島的最上方俯瞰，島和海交織成一個五芒星的符號，因此又稱「五芒星島」。這裡的水質清澈如藍寶石一樣，甚至可直接從水面上觀察水面下的生態系。

跳上甲板帶好裝備，迎接大家的是近400層的階梯。一階梯一階梯地往上爬，經過20分鐘，終於抵達最高點。哇！景色真美！這樣漂亮壯闊的景色搭配上好天氣，運氣真是不錯呀！

琵雅內莫全景。

琵雅內莫港。

下山後，還在途中發現一種有趣的小生物，一種長得很像蜥蜴但全身五顏六色的生物好特別！等夥伴都回到甲板後，前往下一站阿爾布雷克（Arborek）！

⑫

阿爾布雷克村（Arborek）

阿爾布雷克村（Arborek）

🏠 Pulau Arborek, Raja Ampat, West Papua

🚤 搭船前往

💲 雙引擎船費Rp.6,000,000 / 船

🕐 24小時，建議白天前往

📷 1小時

鹿角珊瑚與蜂巢珊瑚。

阿爾布雷克是一座小島，這小島以浮潛最為著名，甲板下方的海域有許多熱帶生物，其中包含魟魚，許多潛水客到此，為的就是一睹魟魚的風采，但這是需要看運氣的！我們運氣不錯，平常這個潛點很多人，但抵達時居然連一組客人都沒有。在沙灘上用過午餐後，換好裝備就撲通跳下水，海水清澈見底，五顏六色的熱帶魚在七彩的珊瑚礁間穿梭，水面下可能有洋流通過，陰影下水溫約10多度，但陰影外水溫可能升高10度，熱帶魚特別喜歡在10多度的水溫活動，總能見到牠們在此群聚。

薩因萊港口。

（13）

薩因萊村（Sawingrai）

薩因萊村（Sawingrai）

🏠 Sawinggrai, Meos Mansar, Kabupaten Raja Ampat, Papua Bar. 98482

🚗 搭船前往

💲 雙引擎船費Rp.6,000,000 / 船

🕐 24小時，建議白天前往

📷 1小時

薩因萊是一個以賞鯨著名的村莊，這村莊周圍的海域也是浮潛的好地點。這裡的水質沒有阿爾布雷克清澈，能見度低了些，不過仍可見到許多熱帶魚和珊瑚礁。看著 Dany 沒穿救生衣在水下優游自如，想跟著嘗試看看，便脫下救生衣，這才發現原來是海水的鹽密度大，所以人可以在海中

279

薩因萊水上建築。

Yunita Mandobar

📞 +6281-247-193-224

✉ ymandobar@gmail.com

💬 +6281-247-193-224

浮起來。這也是第一次沒穿救生衣在海面上游泳,能夠完成挑戰真開心!

　　這趟旅程就如民宿老闆說的,完全不須在意手錶上的數字,日出而作,日落而息,玩累了可以躺在沙灘上,也可以坐在甲板上抱著椰子暢飲。此外由於這裡號稱世界的盡頭,連手機訊號都極其微弱,多數地方可打電話但無法連網,所以更能讓大家擺脫平常忙碌的工作,實實在在享受生活,因此推薦大家到此一遊。

　　經過這趟四王群島全放鬆慵懶行程,感受到什麼是真正的生活。

　　若想詢問關於四王群島旅遊細節,如船班安排、住宿、行程建議等等,也可透過下方資訊,聯絡在地人Yunita,他可根據各位讀者需求,安排不同等級的旅遊活動。

薩因萊牌樓。

薩因萊小孩。

阿爾布雷克島到各城市標示。

國家圖書館出版品預行編目資料

海上的珍珠項鍊 我的印尼島嶼旅行日誌 / 張惟捷著
-- 初版 -- 臺北市：瑞蘭國際, 2021.02
288面；17×23公分 --（PLAY達人系列；17）
ISBN：978-957-9138-57-4（平裝）
1.旅遊 2.旅遊文學 3.印尼

739.39   108020592

PLAY達人系列17

海上的珍珠項鍊——我的印尼島嶼旅行日誌

作者｜張惟捷
責任編輯｜潘治婷、王愿琦、鄧元婷
校對｜張惟捷、張畫晴、潘治婷、王愿琦

封面設計、內文排版｜陳如琪
版型設計｜劉麗雪

瑞蘭國際出版
董事長｜張暖彗・社長兼總編輯｜王愿琦
編輯部
副總編輯｜葉仲芸・副主編｜潘治婷・文字編輯｜鄧元婷
美術編輯｜陳如琪
業務部
副理｜楊米琪・組長｜林湲洵・專員｜張毓庭

出版社｜瑞蘭國際有限公司・地址｜台北市大安區安和路一段104號7樓之一
電話｜(02)2700-4625・傳真｜(02)2700-4622・訂購專線｜(02)2700-4625
劃撥帳號｜19914152 瑞蘭國際有限公司
瑞蘭國際網路書城｜www.genki-japan.com.tw

法律顧問｜海灣國際法律事務所　呂錦峯律師

總經銷｜聯合發行股份有限公司・電話｜(02)2917-8022、2917-8042
傳真｜(02)2915-6275、2915-7212・印刷｜科億印刷股份有限公司
出版日期｜2021年02月初版1刷・定價｜480元・ISBN｜978-957-9138-57-4

 瑞蘭國際

瑞蘭國際